INICIAÇÃO À VIDA CRISTÃ NA AMAZÔNIA

Fundamentos para catecumenatos inculturados

Victor Paiva, ofs

INICIAÇÃO À VIDA CRISTÃ NA AMAZÔNIA

Fundamentos para catecumenatos inculturados

Paulinas

Dados Internacionais de Catalogação na Publicação (CIP)
Angélica Ilacqua CRB-8/7057

Paiva, Victor
    Iniciação à vida cristã na Amazônia : fundamentos para catecumenatos inculturados / Victor Paiva. - São Paulo : Paulinas, 2025.
160 p.

ISBN 978-65-5808-349-8

1. Catequese - Igreja católica 2. Vida cristã 3. Amazônia – Cultura I. Título

25-1454   CDD 268.3

Índice para catálogo sistemático:
1. Catequese – Igreja católica

1ª edição – 2025

Direção-geral: *Ágda França*
Editora responsável: *Maria Goretti de Oliveira*
Copidesque: *Mônica Elaine G. S. da Costa*
Coordenação de revisão: *Marina Mendonça*
Revisão: *Ana Cecilia Mari*
Gerente de produção: *Felício Calegaro Neto*
Produção de arte: *Elaine Alves*
Capa: *Luciano Beserra da Silva*

Nenhuma parte desta obra poderá ser reproduzida ou transmitida por qualquer forma e/ou quaisquer meios (eletrônico ou mecânico, incluindo fotocópia e gravação) ou arquivada em qualquer sistema ou banco de dados sem permissão escrita da Editora. Direitos reservados.

Cadastre-se e receba nossas informações
paulinas.com.br
Telemarketing e SAC: 0800-7010081

Paulinas
Rua Dona Inácia Uchoa, 62
04110-020 – São Paulo – SP (Brasil)
📞 (11) 2125-3500
✉ editora@paulinas.com.br

© Pia Sociedade Filhas de São Paulo – São Paulo, 2025

*À Igreja que está em Castanhal,
pela qual fui gerado no Mistério
e a quem dedico minha vida.*

Lista de abreviaturas e siglas

AG	*Ad Gentes*
AtM	*Antiquum Ministerium*
CELAM	Conselho Episcopal Latino-Americano
CNBB	Conferência Nacional dos Bispos do Brasil
CTI	Comissão Teológica Internacional
DAp	Documento de Aparecida
DD	*Desiderio Desideravi*
DF	Documento Final do Sínodo para a Amazônia
DGAE	Diretrizes Gerais da Ação Evangelizadora da Igreja no Brasil 2019-2023
DNC	Diretório Nacional de Catequese
Doc. 107	Documento 107 da CNBB
DpC	Diretório para a Catequese
DStm	Documento de Santarém (2022)
DStrm	Documento de Santarém (1972)
EG	*Evangelii Gaudium*
EN	*Evangelii Nuntiandi*
EpC	*Episcopalis Communio*

FT	*Fratelli Tutti*
IL	*Instrumentum Laboris* do Sínodo para a Amazônia
LG	*Lumen Gentium*
LS	*Laudato Si'*
QA	"Querida Amazônia"
REPAM	Rede Eclesial Pan-Amazônica
RICA	Ritual de Iniciação Cristã
SC	*Sacrosanctum Concilium*

Sumário

Lista de abreviaturas e siglas 7
Prefácio — Dom Carlos Verzeletti 11
Introdução 13

Parte I
O caminho de Iniciação à Vida Cristã 19
Iniciação à Vida Cristã: do que estamos falando? 21
Iniciação Cristã e vida batismal 26
Breve histórico da transmissão da fé 31
O resgate da Iniciação à Vida Cristã 35
    Iniciação à Vida Cristã em um mundo em mudança 40
Iniciação à Vida Cristã a serviço da evangelização 43
    Evangelizar é convidar à relação 44
    A catequese de Iniciação à Vida Cristã 47
Iniciação à Vida Cristã como via de inculturação 50
    A inculturação da Iniciação à Vida Cristã
    no Documento 107 da CNBB 51
    A inculturação da Iniciação à Vida Cristã
    no Diretório para a Catequese 53

Parte II
Acolhendo o Sínodo para a Amazônia 59
Entendendo o que é Sínodo 61
    Sínodo como processo 63
    O processo do Sínodo de 2019 66
Amazônia como lugar teológico 72
    Vida e beleza amazônidas 74
    Amazônia que geme como em dores de parto 81

Um olhar sobre a catequese na Amazônia colonial brasileira 87

Interpelações do Sínodo de 2019 para a Iniciação à Vida Cristã 95
   Instrumentum Laboris 95
   Documento Final 98
   "Querida Amazônia" 101
   Documento de Santarém (2022) 105

Parte III
Novos caminhos para a Iniciação à Vida Cristã na Amazônia 111

Iniciação à Vida Cristã inculturada e encarnação na realidade 114
   Entendendo a evangelização inculturada 115
   Implicações para a Iniciação à Vida Cristã 122

Iniciação à Vida Cristã libertadora e ecologia integral 129
   Ecologia integral e cuidado da casa comum 130
   Implicações para a Iniciação à Vida Cristã 136

Conclusão 144

Referências 151

Lista de figuras

Figura 1   O processo de evangelização segundo o Diretório para a Catequese (2020) 45

Figura 2   Relação entre Iniciação à Vida Cristã e catequese no processo de evangelização 48

Figura 3   Pan-Amazônia. REPAM 73

Figura 4   Encontros de Santarém – 1972 e 2022 107

Prefácio

A caminhada do povo de Deus, em sua experiência vocacional batismal, envolve sua identidade e missão. Exige uma permanente formação humana, pastoral, espiritual e comunitária que nos leve a ser testemunhas credíveis do Evangelho. Essa disposição interior permanente é um bom caminho para sermos felizes em tudo o que fazemos, para vivenciarmos o bem e a paz. A porta do Reino dos céus se abre a quem, com humildade e sabedoria, escolhe percorrer o caminho com Jesus Cristo.

A caminhada da Igreja na Amazônia é uma contínua missão de encontrar milhares de filhos e filhas imersos neste ecossistema maravilhoso, observado pelo mundo com tantos interesses bons e maus. A admiração e a ganância se digladiam nesta porção do paraíso do planeta Terra, nossa casa comum. A caminhada dos povos autóctones nesta imensa e bela criação amorosa de Deus é marcada por preocupações e posicionamentos da presença histórica da Igreja, sacramento da sabedoria e santidade do Senhor da vida, na esplendorosa grandiosidade amazônida.

A caminhada, com alma franciscana, com saber sinodal e determinação profética, nos envolve neste texto oferecido com ternura, na unidade eclesial, e no compromisso da paz e do bem, pelo autor, Victor Paiva. Filho e "mano" paraense, catequista servidor, dedicado e vigilante discípulo do Senhor nesta Diocese de Castanhal, Santa Maria Mãe de Deus, que é uma das portas de entrada para que o mundo descortine a Amazônia e aos poucos reconheça os seus delicados mistérios naturais e humanos.

Ao virar as páginas deste livro, sentimos os valores, as cores, os sabores e os poderes da vida que saciam milhões de humanos e bilhões de criaturas que se encontram em comunhão na imensidão deste planeta. Os desafios destes entroncamentos e entrechoques, cidades e natureza, exigem posicionamentos corajosos e obrigatórios, para que tudo e todos continuem tendo vida em abundância.

Os catecúmenos inculturados pela Iniciação a Vida Cristã neste território são torres de vigia para observar e proteger, recuperar e investir na ação evangelizadora dos povos da nossa querida Amazônia. Nada podemos fazer sozinhos e nada se torna impossível quando somos sinodais.

Minha admiração, bênção e gratidão a este jovem discípulo e teólogo que acompanho nestes anos e que foi amamentado e nutrido nos seios da Palavra e da Eucaristia. Obrigado, filho amado, e um abraço amazônico de todo o povo de Deus.

Dom Carlos Verzeletti
Bispo da Diocese de Castanhal-PA

Introdução

Há sessenta anos, o Concílio Vaticano II desencadeou um processo de *aggiornamento*, de atualização e renovação na Igreja Católica Romana para responder aos desafios da evangelização no mundo contemporâneo. Esse processo teve diferentes fases: uma recepção mais imediata, relativamente a passos largos, até meados da década de 1970, tendo como referência, na América Latina, as conferências episcopais de Medellín (1968) e, tardiamente, de Puebla (1979); a segunda fase inicia-se no advento do pontificado de João Paulo II e segue até o fim do pontificado de Bento XVI (2013) – período em que a velocidade dos passos foi retardada, e há quem diga que até mesmo se andou para trás; a terceira e atual fase tem início com a ascensão do Papa Francisco ao ministério de Pedro, em que o processo foi retomado com entusiasmo.[1]

No entanto, em se tratando de América Latina, podemos considerar que essa terceira fase tem seu ponto de partida com a Conferência de Aparecida (2007), cujo coordenador da Comissão de Redação do Documento Final foi o então Cardeal Bergoglio. O tema da conferência foi: "Discípulos e missionários de Jesus Cristo para que nossos povos nele tenham vida". Ela foi "uma síntese da teologia pastoral latino-americana, pôs em ato a eclesiologia conciliar do povo de Deus em missão,

---

[1] Cf. BRIGHENTI, 2022.

apresentou a Igreja como comunhão discipular e missionária focada em Cristo e ao serviço dos povos".[2]

Diante do que chamou de "mudança de época",[3] Aparecida assumiu o desafio de uma "atitude de permanente conversão pastoral".[4] Em outras palavras, tomou consciência de que a Igreja deve estar em "estado permanente de reforma" do seu jeito de testemunhar e anunciar Jesus Cristo no mundo.[5] Com a chegada do Papa Francisco, vindo do sul global e eclesial, essas interpelações são elevadas ao nível da Igreja Universal. Seu pontificado desencadeou processos de redescoberta – ou mesmo descoberta – das dimensões socioecológicas e missionárias da fé e da evangelização. Em 2015, Francisco publicou a sua Encíclica *Laudato Si'*, sobre o Cuidado da Casa Comum, onde lança "um convite urgente a renovar o diálogo sobre a maneira como estamos construindo o futuro do planeta".[6] Em 2020, durante a pandemia, lança a Encíclica *Fratelli Tutti*, "irmã" da *Laudato Si'*, sobre a fraternidade e a amizade social, em vista de esclarecer a respeito da dimensão universal do amor, "a fim de que, perante as várias formas atuais de eliminar ou ignorar os outros, sejamos capazes de reagir com um novo sonho de fraternidade e amizade social que não se limite a palavras".[7]

Essas duas Encíclicas, que compõem o conjunto do magistério social da Igreja, têm sua semente no documento programático do papa latino-americano: a Exortação Apostólica

---

[2] CELAM, 2022, n. 154.
[3] Cf. DAp, n. 44.
[4] DAp, n. 366.
[5] Cf. EG, n. 26; CELAM, 2022, n. 152.
[6] LS, n. 14.
[7] FT, n. 6.

Evangelii Gaudium (2013), na qual ele convida toda a Igreja a uma "nova etapa evangelizadora".[8] Já nesse recorte magisterial, podemos perceber que o Papa Francisco sonha e trabalha por uma Igreja mais missionária, planetária e poliédrica, entendida como um povo para todos e um povo de muitos rostos, cada um com a própria cultura,[9] com a responsabilidade de realizar uma urgente revisão do processo de transmissão da fé.[10]

Nesse esforço, o Papa Francisco convocou a Assembleia Especial do Sínodo dos Bispos para a Região Pan-Amazônica (2019), em íntima relação com a *Laudato Si'*, desde o seu tema: "Amazônia: novos caminhos para a Igreja e para uma Ecologia Integral". Refletindo sobre a "realidade multiétnica e multicultural" da Amazônia,[11] o Sínodo reconheceu que a Igreja que está nessa região é chamada a "fazer ressoar incessantemente o grande anúncio missionário"[12] e a "adquirir rostos multiformes que manifestem melhor a riqueza inesgotável da graça".[13] Segundo Francisco, essa necessidade encontra resposta no chamado à inculturação do Evangelho,[14] da liturgia,[15] dos ministérios,[16] da espiritualidade[17] e até da santidade,[18] evidenciando que o movimento de inculturação por parte da Igreja se apresenta como urgência pastoral latente.

---

[8] EG, n. 1.
[9] Cf. EG, n. 112-115.
[10] Cf. EG, n. 14.
[11] DF, n. 8.
[12] QA, n. 51.
[13] QA, n. 9.
[14] Cf. QA, n. 57
[15] Cf. QA, n. 65.
[16] Cf. QA, n. 67.
[17] Cf. QA, n. 60.
[18] Cf. QA, n. 62.

Diversas podem ser as vias de inculturação assumidas pela Igreja, porém a maioria delas exige a necessidade de uma formação cristã inculturada. Embora nem todos os cristãos católicos recebam a formação própria para os ministérios ordenados, para a vida religiosa e mesmo para as pastorais e organismos, todos são iniciados na vida cristã. Desse modo, não será possível uma Igreja de rosto amazônico sem uma transmissão da fé de rosto amazônico, pois a formação inicial da fé e vida cristã é potencialmente lugar primordial de inculturação. É justamente sobre esse potencial que se dedica este livro. Aqui pretendo lançar algumas luzes para a identificação dos fundamentos de uma Iniciação à Vida Cristã inculturada na Amazônia.

É notável a carência da discussão sobre a Iniciação à Vida Cristã como ambiente para tecer uma fé e uma eclesialidade inculturadas, tanto por parte das conclusões do Sínodo para a Amazônia – que se referem a ela de forma tangencial – como do debate catequético no Brasil. Tal lacuna paradigmática é a problemática principal que queremos tratar, afinal: qual o lugar da Iniciação à Vida Cristã no processo de inculturação da fé e da evangelização? Quais as interpelações do Sínodo Amazônico para a Iniciação à Vida Cristã? O que podem fazer as igrejas locais da Amazônia para assimilar essas implicações em um caminho de recepção criativa do Sínodo? Essas questões provocadoras irão orientar nossa reflexão nestas páginas.

A estes questionamentos, somam-se algumas experiências pessoais que são fundamentais para compreender as motivações de minha dedicação ao tema. A primeira é a experiência que tive nos últimos seis anos com diversas realidades da transmissão da fé na Amazônia, por meio da coordenação do

Curso Regional de Pedagogia Catequética da Conferência Nacional dos Bispos do Brasil (CNBB) – Regional Norte 2. Nesse curso, realizado anualmente, catequistas, padres, seminaristas e religiosas dos estados do Pará e Amapá se encontram para estudar e partilhar experiências e desafios. Em tais partilhas, pude perceber a carência de caminhos para uma Iniciação à Vida Cristã inculturada, de rosto amazônico ou de rostos amazônicos, considerando a sua diversidade. São pontuais as experiências de inculturação do processo de transmissão da fé, quase sempre focadas em determinadas comunidades indígenas e sem uma organização efetiva por parte da Igreja particular. Além disso, há abundância de boa vontade, de modo especial entre as mulheres, para exercer a missão de catequista, porém, ao mesmo tempo, falta o devido zelo pelo preparo dessas pessoas por parte da comunidade eclesial.

O cenário se agrava quando se trata das cidades e interiores urbanizados. Nesses ambientes, costuma-se utilizar de metodologias e materiais iniciáticos importados de outras realidades do Brasil, especialmente do Sul e Sudeste. Isso evidencia a necessidade de identificar caminhos que inspirem as equipes de Iniciação à Vida Cristã das Igrejas particulares a preparar os próprios materiais, levando em conta o território em que estão inseridas.

A terceira experiência parte da constatação da escassez do tema da inculturação na discussão atual da Iniciação à Vida Cristã no Brasil. No ano de 2018, aconteceu em Itaici-SP a IV Semana Brasileira de Catequese. Nela, foram apresentadas conferências sobre *querigma*; novos interlocutores da catequese; seguimento de Cristo; *mistagogia*; vida em comunidade; novas mídias digitais. No entanto, a questão da inculturação foi tratada unicamente em uma oficina de partilha de experiência da catequese com indígenas, quilombolas e ribeirinhos, como se esses sujeitos partilhassem de uma única cultura. Vale ressaltar, ainda, que, no campo acadêmico, não encontramos trabalhos, realizados ou em andamento, sobre a Iniciação à Vida Cristã inculturada na Amazônia de forma específica.

Este livro, fruto da pesquisa de mestrado que realizei entre 2021 e 2023 pela PUC-PR, quer articular preocupação pastoral com a reflexão sistemática da Teologia Pastoral, com o objetivo de identificar caminhos para uma Iniciação à Vida Cristã inculturada a partir do Sínodo da Amazônia. Nossa reflexão está organizada em três partes:

1) A primeira conceitua a Iniciação à Vida Cristã dentro do processo de evangelização e como via de inculturação da fé e do Evangelho, tal como a Igreja Católica Romana os vem concebendo;

2) A segunda colhe as interpelações do Sínodo para a Amazônia e de seu movimento de recepção criativa para a Iniciação à Vida Cristã, situando o processo sinodal de 2019 dentro de um caminho de renovação eclesial mais amplo e lançando luzes de esperança sobre a realidade amazônica;

3) Por fim, a terceira traz propostas de reflexão teológico-pastoral sobre uma nova práxis evangelizadora inculturada e a serviço da ecologia integral.

PARTE I

O caminho de Iniciação à Vida Cristã

Iniciação à Vida Cristã: do que estamos falando?

"**C**ristão não se nasce, torna-se."[1] Assim afirmava Tertuliano, um escritor cristão do século II de nossa era. Nesta afirmação, a vida cristã é compreendida como caminho, encontro e relação (Lc 24,13-35), como resposta livre a um convite feito pelo próprio Senhor: "Vinde e vereis" (Jo 1,39a). Ir ao encontro, pôr-se a caminho com o Mestre, conhecer onde mora e permanecer com ele para testemunhá-lo e anunciá-lo ao mundo é característica dos que acolhem o Evangelho. Assim, para tornar-se cristão ou cristã se faz necessária uma mudança de vida, de estado, de paradigma, a que denominamos *conversão*. E essa conversão só pode ser entendida como processo. Desde o início do cristianismo, a palavra *iniciação*, que significa "ir para dentro", busca expressar o que essa conversão quer fazer com os que se põem a caminho: conduzir para dentro de uma relação viva e vibrante com Jesus e com os irmãos e irmãs no seio da comunidade cristã.

Nesta primeira parte vamos conversar sobre o que se entende por Iniciação à Vida Cristã a partir, sobretudo, dos documentos recentes da Igreja. Com base na experiência das comunidades cristãs dos primeiros séculos, a Iniciação à Vida Cristã se compreende como mergulho no mistério da vida de Cristo e da Igreja; como um processo pastoral dentro e a serviço da

---

[1] TERTULIANO, p. 197.

evangelização; como ponto de partida da vida batismal e como via eficaz de inculturação da fé e do Evangelho. Somente a partir da compreensão do que é a Iniciação à Vida Cristã será possível pensar sua realização na Amazônia.

Comecemos pelo termo. A palavra *iniciação* passa a ser utilizada pela Igreja a partir do encontro com as experiências dos cultos e religiões mistéricas e iniciáticas das regiões por onde o cristianismo avançou durante os primeiros séculos. Esses grupos religiosos tinham por base as experiências dos *mistérios*, que "eram ritos sacros que exigiam uma longa preparação (procissões, músicas)".[2] Era por meio de um caminho de iniciação com símbolos, ensinamentos e ritos que o *iniciando*[3] deixava para trás determinada forma de vida para ser imerso e aderir a outra, plena e nova. Essa adesão era caracterizada por um caminho progressivo com diferentes fases de imersão em determinados conhecimentos e experiências de aprofundamento do *mistério*.

Na linguagem comum, o termo *mistério* é sinônimo de enigma, de algo indecifrável. Contudo, *mistério* tem mais relação com profundidade do que com o que é secreto. O Estudo 97 da CNBB já tratava sobre isso:

> Diferentemente de outros conhecimentos ou práticas, não se tem acesso ao *mistério* através de um ensino teórico, ou com a aquisição de certas habilidades. Para ter acesso aos *divinos mistérios* a pessoa precisa, de uma maneira ou de outra, *ser iniciada* a essas realidades maravilhosas através de experiências que a marcam profundamente.[4]

---

[2] SOUZA, 2020, p. 41.
[3] Entendemos aqui o termo *iniciando* como aquele ou aquela que entra no caminho de Iniciação à Vida Cristã.
[4] Estudo 97, n. 40.

A prática da *iniciação* pode ser ainda hoje encontrada com facilidade entre grupos culturais que têm grande valor pela preservação de sua essência. Diversas comunidades indígenas da Amazônia realizam processos de *iniciação* dos adolescentes à vida adulta e às responsabilidades para com a aldeia por meio de ensinamentos e ritos de passagem. Também entre as comunidades quilombolas e pessoas das religiões afro-brasileiras, como o candomblé, é possível encontrar elementos iniciáticos claros. Já nas realidades urbanas, mais globalizadas, a *iniciação* enquanto processo já quase não existe, embora ainda encontremos ritos de passagem social, como baile de formatura, festa de quinze anos, casamento, dentre outros.

Se entendemos que os cultos mistéricos da antiguidade eram um elemento característico das culturas locais pagãs do grande Império Romano, então a *iniciação* na antiguidade foi, assim, o elemento de conservação de aspectos fundamentais dessas culturas, de forma especial das culturas tribais daquela sociedade greco-romana. A adesão à fé cristã e o caminho de entrada na comunidade eclesial foram, portanto, entendidos como via de iniciação ao *mistério*. No entanto, as primeiras gerações de cristãos deram novo significado para o termo, que "não indica em primeiro lugar um segredo intelectual, mas a ação salvadora de Deus na história. Antes de ser uma verdade ou uma doutrina, o 'mistério' é um acontecimento".[5] Nas palavras de frei Reinert: "Enquanto as iniciações religiosas antigas são iniciações aos mistérios, a iniciação cristã é mergulho no Mistério, não em qualquer mistério, mas no mistério de Deus, revelado em Jesus Cristo".[6]

---

[5] CNBB, 2017, n. 83.
[6] REINERT, 2014, p. 64-65.

O termo "Iniciação à Vida Cristã" se relaciona, portanto, ao processo de formação de novos discípulos missionários de Jesus, inspirado nos primeiros séculos do cristianismo, quando os cristãos ainda não eram maioria na sociedade ocidental. Nessa época, esse processo, que também ficou conhecido pela Igreja como "catecumenato", tinha a finalidade de conduzir "as pessoas à conversão (por meio de conversa, diálogo, pregação, que desembocavam no ato de fé, como acolhida do mistério cristão) e que, em seguida, conduziam, mediante um percurso específico de estudo da Palavra de Deus, experiência de comunidade e acompanhamento, ao banho batismal".[7]

Falar, pois, de Iniciação à Vida Cristã é mais que falar de Iniciação Cristã, porque não se trata simplesmente de uma iniciação sacramental, ao qual este último termo está mais ligado, mas sim, como diz Pe. Luiz Alves de Lima, de uma iniciação que verdadeiramente toca "as raízes da vida, o sentido e orientação de toda a existência. Dessa Iniciação Cristã, da qual fazia parte a catequese, saíam pessoas muito bem formadas, convictas da própria fé, da própria opção por Jesus Cristo e seu Evangelho, vivendo em comunidades vivas que davam autêntico testemunho de vida cristã".[8]

Essa é a grande diferença entre *Iniciação Cristã*, que está relacionada mais ao aspecto sacramental, e *Iniciação à Vida Cristã*, na qual os sacramentos são entendidos como impulso para a vivência da fé e do discipulado na sua integralidade. Irmão Israel Nery define bem essa compreensão quando diz que fica "evidente, então, que 'iniciar' não se limita mais aos primeiros passos que culminam na recepção dos sacramentos

---

[7] NERY, 2019, p. 68.
[8] LIMA, 2016, p. 28.

da iniciação, e sim é um processo continuado que persegue o horizonte da maturidade em Cristo".[9] No entanto, é fato também que não se pode compreender bem o que é a Iniciação à Vida Cristã sem compreender a Iniciação Cristã como imersão no mistério por meio dos sacramentos.

---

[9] NERY, 2019, p. 297.

Iniciação Cristã e vida batismal

O termo grego *mistério* tem tradução para o latim como *sacramentum*. Daí vemos como sacramento e iniciação estão intrinsecamente relacionados. Os Padres da Igreja compreendiam a Iniciação como caminhada para os mistérios da graça, escondida nos sacramentos de Batismo-Confirmação-Eucaristia. Estes são conhecidos hoje como os três sacramentos da Iniciação; no entanto, na antiguidade, eles estavam tão unidos entre si que os Padres os chamavam com um nome só: Batismo.[1]

O banho batismal inaugura uma vida totalmente nova, e em Deus, pela efusão do Espírito; a unção com o crisma "é outra efusão do Espírito para o desenvolvimento das energias batismais";[2] e a Eucaristia, o alimento e, ao mesmo tempo, a finalidade dessa vida nova e perfumada: se nasce e se é perfumado para se sentar à mesa e participar do banquete com a comunidade dos renascidos. Por isso, "todos os sacramentos, mas, sobretudo o batismo e a crisma, encontram a sua plena realização na Eucaristia".[3] Pelos sacramentos da Páscoa de Cristo, o eleito participa da mesma Páscoa: eis o mistério da graça na Iniciação Cristã.

---

[1] BUSCA, 2019, p. 12.
[2] CAMPATELLI, 2008, p. 35.
[3] CAMPATELLI, 2008, p. 142.

Desse modo, o catecumenato primitivo não pode ser compreendido apenas como um caminho unicamente catequético, mas também como um caminho experiencial, místico e, por isso, litúrgico, mistagógico. Assim, no processo de transmissão da fé do início da Igreja, a liturgia, experiência ritual e celebrativa da fé, e a catequese, enquanto instrução e caminho, estão intimamente relacionadas. Aqui se realiza de forma evidente a prática da unidade entre os sacramentos da Iniciação Cristã. Esses sacramentos, por vezes, são compreendidos como três momentos separados na práxis pastoral das nossas comunidades eclesiais, com sujeitos próprios e itinerários que não se relacionam. A Igreja no Brasil, em 2017, afirmou que "urge recuperar a unidade pastoral entre os três sacramentos da Iniciação à Vida Cristã",[4] e essa unidade precisa compreender que "Batismo e Crisma nos direcionam para a Eucaristia",[5] que deve ser o ápice do processo iniciático. No entanto, a aplicação dessa consciência na prática pastoral está caminhando a passos lentos nas dioceses.

A Iniciação Cristã que se dá por meio dos sacramentos é o semear de uma vida renascida. Daí vem o nome dado aos que acabaram de ser mergulhados nas fontes batismais: *neófitos*, que significa "novos brotos", "plantas novas". A semente da vida foi lançada pela Palavra anunciada, regada pelas águas do sacramento e germinou em uma nova existência, ao modo de Cristo, que perdura no tempo a crescer e dar frutos. O bispo italiano Dom Busca expressa de forma bela esse dinamismo, quando diz:

---

[4] CNBB, Doc. 107, n. 126.
[5] CNBB, Doc. 107, n. 132.

Ser conformado ao Corpo glorioso e celeste de Cristo é o fruto mais maduro do Batismo que é reservado à colheita da vida eterna, mas, já agora, o cristão tem o penhor do Reino, é um ser a caminho da ressurreição. A sua mais verdadeira identidade é a de um "vivo para Deus, no Cristo Jesus" (Rm 6,11). Em relação ao pecado que diz respeito ao seu passado, ele é um "vivo que passou da morte à vida" (Rm 6,13; Cl 2,13), depôs o homem velho e revestiu-se do novo (1Pd 4,2-3; Ef 4,22-24; Cl 3,9-10). Disso surge a insistência sobre o tema da novidade de vida, que é o fermento colocado pelo Batismo dentro da experiência humana: o cristão é uma criatura nova (2Cor 5,17), tem um nome novo (Ap 2,17), vive uma capacidade de relações e comportamentos novos (Gl 3,28; Cl 3,9-11; Rm 6,4).[6]

Eis o que faz a Iniciação Cristã: gesta a vida batismal, que é vida totalmente nova, revestida do Espírito, aberta a novas relações com Deus, com os outros e com o ambiente. Sem anular a identidade própria do *neófito*, o Cristo fala, ouve, pensa na sua palavra, no seu sentimento, no seu pensamento. Ele mantém, nutre e eleva as ações que são próprias da sua pessoa.[7] Tudo o que é de Cristo passa para o *neófito*, incluindo sua missão de tornar o Reino de Deus presente no mundo por meio da palavra, do testemunho e das obras. Isso fica evidente no antigo rito pós-batismal ao término da oitava de Páscoa, quando acontecia de se removerem as vestes brancas para que, agora sem os sinais externos, o neófito pudesse transformar em vida os símbolos que recebeu.

A recepção dos sacramentos pascais permite ao cristão deixar de observar a história da salvação como um expectador

---

[6] BUSCA, 2019, p. 17.
[7] BUSCA, 2019, p. 17.

distante para passar a experimentá-la a partir de dentro. Dessa forma, a história da salvação passa a ser história da sua salvação e a sua história passa a ser história de salvação, lugar da experiência salvífica com Deus. A existência do batizado é, assim, uma existência sacramental, como afirmou São Paulo: "Eu vivo, mas não eu: é Cristo que vive em mim" (Gl 2,20). Por sua vida transfigurada na Páscoa de Cristo, o batizado torna-se, portanto, um sinal de sua presença no mundo.

O Batismo não é apenas o início cronológico, mas também o fundamento de toda a vida cristã. O bispo Dom Carlo Verzeletti, refletindo sobre a vida batismal, diz que "o sacramento nos oferece a totalidade do dom, mas nós o assimilamos lentamente e aos poucos. Nossa tarefa é lutarmos para nos tornarmos plenamente aquilo que somos, fazendo transparecer a vida nova em todas as circunstâncias da vida concreta".[8] Com suas palavras, o Papa João Paulo II afirmava o mesmo quando dizia que a vida inteira do cristão "tem por finalidade levá-lo a descobrir a radical novidade cristã que brota do Batismo, sacramento da fé, a fim de poder viver as suas exigências segundo a vocação que recebeu de Deus".[9] Assim, o caminho de maturação da vida nova em Cristo recebida no Batismo dura a vida inteira.

Além de sua vida se tornar vida sacramental, seu olhar também se torna isso, e o batizado passa a ver toda a realidade à luz de Cristo, no qual tudo foi criado (Cl 1,16). O teólogo Leonardo Boff ilustra de forma bela esse mistério, quando diz que "toda vez que uma realidade do mundo, sem deixar o mundo, evoca uma outra realidade dela, ela assume uma

---

[8] VERZELETTI, 2021, p. 311.
[9] JOÃO PAULO II, 1988, n. 10.

função sacramental".¹⁰ Portanto, "o sacramento não tira o homem do seu mundo. Dirige-lhe um apelo para que olhe com mais profundidade para dentro do coração do mundo [...]. O mundo, sem deixar de ser mundo, se transmuta em um eloquente sacramento de Deus: aponta para Deus e revela Deus. A vocação essencial do homem terrestre consiste em tornar-se um homem sacramental".¹¹

Dessa forma, nada do que é próprio da vida comum do batizado é alheio à vida divina que nele pulsa. Esse olhar sacramental nos faz compreender que o rio onde navega o amazônida, as pessoas de seu vilarejo e a história que lhe contou sua avó na rede estão cheias da presença do Mistério. Não há separação ou repulsa entre *vida material* e *vida espiritual*, mas sim a vivência espiritual e mística de tudo o que a vida lhe concede viver, pois "a vida espiritual é a arte de levar em conta o Espírito Santo".¹² Assim, os elementos materiais (água, óleo, pão e vinho) que o cristão colhe se transformam em dons espirituais nos sacramentos por obra do Espírito.

Por tudo isso, é importante ressaltar que a Iniciação Cristã é constitutiva da Iniciação à Vida Cristã enquanto experiência sacramental e fonte e alimento da vida inteira dos discípulos missionários de Jesus Cristo. Essa unidade estava presente na Igreja primitiva e foi, gradativamente, sendo perdida no tempo, a tal ponto que a Iniciação à Vida Cristã foi prensada e resumida apenas na recepção dos sacramentos.

---

[10] BOFF, 2004, p. 31.
[11] BOFF, 2004, p. 47.
[12] RUPNIK, 2022, p. 81.

Breve histórico da transmissão da fé

O caminho de Iniciação à Vida Cristã estruturou-se nas Igrejas locais durante o século II d.C. e esteve presente como método primordial na formação de novos cristãos e cristãs até por volta do século VIII.[1] O contexto vivido pelas comunidades era de perseguição por parte do Império Romano e martírio, até o século IV, quando o cristianismo foi legalizado e, depois, oficializado como a religião do Império. Nesse cenário, a Igreja viu a necessidade de desenvolver um caminho progressivo e criterioso para a formação inicial dos novos discípulos e discípulas de Jesus Cristo. Nasce assim o catecumenato, que, em seu período mais intenso, "pode ser identificado como uma séria e original proposta formativa-pastoral. Um caminho para quem deseja tornar-se cristão, pois a finalidade do processo catecumenal é formar verdadeiros discípulos de Cristo".[2]

Esse caminho não era realizado de maneira uniforme em todas as Igrejas, mas se diversificava a partir da realidade cultural dos que abraçavam a fé: se eram provenientes do judaísmo ou do paganismo. O catecumenato foi uma das mais belas estruturas de evangelização da Igreja primitiva. Embora fosse distinto em cada Igreja local, podemos falar de uma

---

[1] LIMA, 2016, p. 28-31.
[2] FLORISTAN apud LIMA, 2014, p. 50.

organização básica do processo, articulando anúncio, conversão, catequese, liturgia, vivência e experiência comunitária.

É possível identificar quatro tempos fundamentais do caminho de Iniciação à Vida Cristã: o pré-catecumenato; o catecumenato propriamente dito; a iluminação ou purificação; e a mistagogia. Cada um desses tempos se ligava ao outro por meio de grandes celebrações litúrgicas que marcavam as etapas do caminho. Esse processo desenvolvia-se no seio da comunidade eclesial em harmonia com a concepção de tempo do cristianismo nascente. O Ano Litúrgico, enquanto via pedagógica de vivência dos mistérios da vida de Cristo – e de modo especial o Ciclo Pascal –, teve seu desenvolvimento, justamente, a serviço desse caminho de iniciação:[3] a Quaresma como tempo de Iluminação e Purificação dos iniciandos; a grande Vigília de Páscoa como celebração do seu novo nascimento; e o Tempo Pascal como lugar das catequeses mistagógica pós-sacramentais.

O primeiro tempo era destinado ao anúncio missionário do *querigma*, que é o núcleo fundamental da fé em Jesus Cristo morto e ressuscitado. Esse anúncio era acompanhado de uma proposta, um convite à conversão feito àqueles adultos que desejam tornar-se cristãos, por meio de um *introdutor*, alguém designado pela comunidade para acompanhar a pessoa que era simpatizante da fé. Após esse período, o adulto era entronizado por meio de um rito de passagem ao tempo do catecumenato e tornava-se um *catecúmeno*, isto é, um candidato ao Batismo. Era no tempo do catecumenato que se realizava "a catequese propriamente dita, como tempo de conversão, assimilação do Evangelho e aprendizagem da fé".[4]

---

[3] LIMA, 2016, p. 28.
[4] NERY, 2019, p. 297.

Em seguida, tendo percorrido de um a três anos de uma caminhada rica no seio da comunidade, o catecúmeno era *eleito*, por meio de outro rito de passagem, para receber os sacramentos, e entrava, assim, em um tempo mais específico e intenso de preparação para essa recepção, chamado de "iluminação" ou "purificação", que durava quarenta dias (a Quaresma). Ao fim desse tempo, na noite da Páscoa, por meio de uma liturgia profundamente iniciática, o eleito tornava-se cristão pela graça dos sacramentos, mas não concluía sua iniciação. De eleito passava a ser chamado *neófito*, e as pessoas da comunidade aprofundavam, durante mais algumas semanas (Tempo Pascal), por meio de catequeses simbólicas e litúrgicas, o Mistério nos quais elas haviam sido mergulhadas. Também era nesse tempo que passavam a integrar plenamente a comunidade. Era o quarto e último tempo, chamado de "mistagogia".

A Iniciação à Vida Cristã possuía uma centralidade na vida e na ação das comunidades cristãs primitivas, que, por esse fato, contavam com cristãos e cristãs provados na fé, conscientes do seu Batismo e dispostos a dar a vida por Cristo e pelo Reino de Deus. Conforme o cristianismo foi adentrando na sociedade e conquistando espaços, os processos iniciáticos começaram a se enfraquecer. No século IV, os cristãos passam de perseguidos a "preferidos" pelo Império Romano, e torna-se cada vez mais difícil a tarefa de acompanhar de forma próxima e prolongada os que buscavam a fé, já que o número de pessoas que pediam o Batismo crescia exponencialmente. No advento da sociedade medieval, o catecumenato vai pouco a pouco diminuindo, até desaparecer por volta do século VIII.

Irmão Nery reconhece que: "Em pouco tempo, a Igreja perdeu uma importante e vital organização que lhe garantia fiéis bem preparados, integrados na liturgia, familiarizados com a

Sagrada Escritura, centrados em Jesus Cristo, comprometidos com a comunidade eclesial, zelosos pela missão evangelizadora e capazes de dar as razões de sua esperança, e mesmo de dar a vida pela fé".[5] A gradativa queda do catecumenato aconteceria, justamente, relacionada com a progressiva centralização dos carismas eclesiais na hierarquia ministerial na entrada do período que ficaria conhecido como cristandade, o que evidencia ainda mais a importância do processo de Iniciação à Vida Cristã na gênese da Igreja. Desenvolve-se pouco a pouco uma eclesiologia deformada, dividida em dois polos: o polo ativo, composto pelo clero, e o polo passivo, composto pela massa dos leigos, em sua maioria pouco instruídos nos mistérios da fé.[6]

A partir da Idade Média até o século XX, devido a um processo de inculturação e, posteriormente, "romanização" da fé, vigora o que ficaria conhecido como "catecumenato social",[7] tempo em que "já se nasce numa sociedade cristã: reinos, príncipes, populações e famílias são todos cristãos", não havendo necessidade, portanto, de um processo de iniciação aos mistérios da fé por parte da comunidade eclesial. Gradativamente, a Iniciação à Vida Cristã vai se tornando um processo de instrução da fé, sem muita vida comunitária. Ser cristão passa a ser uma obrigação social. Esse modelo de transmissão da fé é o que chegaria nas Américas com o colonizador. Na era moderna, após o Concílio de Trento (1545-1563), surgem os catecismos, que são compilações didáticas do conteúdo da fé católica. Grande era a preocupação com o avanço do emergente protestantismo. Nesse cenário, cresce a intelectualização da fé, a partir da busca por justificativas racionais para ser cristão católico.

---

[5] NERY, 2019, p. 113.
[6] BRIGHENTI, 2021.
[7] LIMA, 2016, p. 33.

O resgate da Iniciação à Vida Cristã

Após séculos de cristandade, o Concílio Vaticano II (1962-1965), em seu duplo movimento de retorno às origens e de contemplação da realidade, lendo a modernidade e percebendo-se como Igreja no mundo, pede claramente a restauração do catecumenato: "Restaure-se o catecumenato dos adultos, em diversos níveis, de acordo com a autoridade local. As etapas do catecumenato podem ser santificadas por diversos ritos, aptos a manifestar seu espírito".[1] Mas é interessante destacar que, embora o Concílio Vaticano II recomende a restauração do catecumenato na Constituição *Sacrosanctum Concilium,* sobre a sagrada liturgia, o documento que mais explanará sua aplicabilidade será o decreto *Ad Gentes*, sobre a atividade missionária da Igreja:

> Todos os que receberam de Deus a fé, por intermédio da Igreja, devem ser admitidos ao catecumenato, segundo o rito estabelecido. Mais do que simples exposição dos dogmas e dos preceitos, o catecumenato deve ser uma iniciação à toda a vida cristã, um aproximar-se de Cristo, durante o tempo que for necessário. Sejam os catecúmenos iniciados convenientemente no mistério da salvação, na prática da vida de fé, de culto e de amor, característica do povo de Deus.[2]

---

[1] SC, n. 64.
[2] AG, n. 14.

O fato de o Vaticano II explanar sobre o catecumenato no documento *Ad Gentes* mostra que a Iniciação à Vida Cristã só pode ser realizada em uma Igreja missionária, ou, como resume categoricamente o Papa Francisco, uma "Igreja em saída".[3] No Vaticano II, a Igreja viu a necessidade de desencadear novos processos em sua ação evangelizadora, pois já não vivemos em tempos de "catecumenato social" e de cristandade. A sociedade ocidental passa por uma secularização galopante, e, diante desse grande desafio para a fé e sua transmissão, exigem-se grandes e urgentes transformações. Essa tarefa, segundo o decreto, não é apenas de alguns, mas de toda a comunidade eclesial: "Além dos catequistas e dos sacerdotes, compete especialmente aos padrinhos ajudar os catecúmenos a entender, desde o início, que estão se integrando no povo de Deus".[4]

Em resposta a essa demanda do Concílio Vaticano II, em 1972, a Santa Sé publicou o Ritual de Iniciação Cristã de Adultos (RICA), um livro litúrgico, mas que apresenta explanações práticas sobre a metodologia do itinerário da Iniciação à Vida Cristã com seus tempos e etapas. O RICA contribuiu para a unidade dos Sacramentos da Iniciação: Batismo-Crisma-Eucaristia, e possibilitou a compreensão da transmissão da fé como um caminho não apenas catequético-doutrinal, mas também simbólico-ritual, como afirmou o Concílio: "Uma vez libertados do poder das trevas pelos sacramentos da iniciação cristã, mortos, sepultados e ressuscitados com Cristo recebam o Espírito de adoção dos filhos e celebrem com todo o povo de Deus o memorial da morte e da ressurreição do Senhor".[5] Em

---

[3] EG, n. 20.
[4] AG, n. 14.
[5] AG, n. 14.

síntese, o RICA mostra que a catequese está intimamente unida à liturgia dentro de um processo de Iniciação.

No Brasil, o Diretório Nacional de Catequese de 2005 oficialmente dirá que "é a inspiração catecumenal que deve iluminar qualquer processo catequético".[6] Gradativamente, a Igreja no Brasil vai evidenciando com maior clareza sua opção pelo catecumenato. Em 2009, Ano Catequético Nacional, a CNBB lança o Estudo 97: *Iniciação à Vida Cristã: um processo de inspiração catecumenal*, que buscou tratar das seguintes questões: Iniciação à Vida Crista, por quê? O quê? Como? Para quem? Com quem contamos? E onde? A partir dessa reflexão, a Iniciação à Vida Cristã foi assumida como segunda urgência da Ação Evangelizadora da Igreja no Brasil nos quadriênios 2011-2015 e 2015-2019, quando se falou de "Igreja: casa da Iniciação à Vida Cristã". Nas Diretrizes de 2019-2023, a Iniciação à Vida Cristã foi concebida dentro do pilar da Palavra, como elemento fundamental da Igreja considerada como casa.

Entretanto, a opção da Igreja no Brasil pelo catecumenato será carimbada no Documento 107 da CNBB: *Iniciação à Vida Cristã: itinerário para formar discípulos missionários*, lançado em 2017. É verdade que já no Diretório Nacional de Catequese (2005) se fala no Brasil de *inspiração* ou *estilo catecumenal*. Mas é o Documento 107 que vai expor com maior clareza: "a inspiração catecumenal que propomos é uma dinâmica, uma pedagogia, uma mística, que nos convida a entrar sempre mais no mistério do amor de Deus. Um itinerário mistagógico, um desejo que nunca acaba. Porque Deus, sendo amor, nunca se esgota".[7]

---

[6] DNC, n. 58.
[7] CNBB, Doc. 107, 2017, n. 56.

Isso significa que "a ênfase deve ser colocada mais no 'espírito catecumenal' do que em um esquema formal".[8] Tratar de Iniciação à Vida Cristã em estilo catecumenal, portanto, não é falar de um modelo uniforme de transmissão da fé, mas sim de um caminho baseado em alguns elementos fundamentais e aberto a outros elementos próprios do espaço e do tempo, da cultura e dos interlocutores do processo.

Segundo o Diretório para a Catequese de 2020, compõem os elementos fundamentais de uma inspiração catecumenal: o caráter pascal; o caráter iniciático; o caráter litúrgico, ritual e simbólico; o caráter comunitário; o caráter de conversão permanente e de testemunho; e o caráter de progressividade da experiência formativa.[9] Esses elementos, "após o necessário discernimento, devem hoje ser incluídos, valorizados e atualizados com coragem e criatividade em um esforço de verdadeira inculturação",[10] o que nos permite, sem receio metodológico, aproximar esse paradigma dos processos de transmissão da fé na Amazônia.

O Documento 107 da CNBB destaca, ainda, as *dimensões místéricas* da Iniciação à Vida Cristã: cristológica e eclesiológica. Em primeiro lugar, "a Iniciação à Vida Cristã significa imersão numa nova realidade. Essa realidade nova e inesperada à qual ela introduz é o mistério de Cristo Jesus".[11] No caminho de formação dos novos cristãos, o eixo fundamental em torno do qual tudo gira é a pessoa de Jesus, sua paixão, morte e ressurreição. Em outras palavras, não há Iniciação sem livre e pessoal adesão à Cristo e ao Reino de Deus por ele anunciado e mediado.

---

[8] CNBB, Doc. 107, n. 74.
[9] DpC, n. 64.
[10] DpC, n. 64.
[11] CNBB, Doc. 107, n. 88.

Unido ao mistério de Cristo, encontra-se o mistério da Igreja. "É na Igreja que podemos falar em Iniciação à Vida Cristã. Mais do que entrar na Igreja, o crente é acolhido por ela."[12] Essa Igreja é entendida como povo de Deus, Corpo de Cristo, Templo do Espírito, sinal e germe do Reino de Deus no mundo;[13] é Igreja querigmática e missionária,[14] mistagógica e materna.[15] Dessa forma, a Iniciação à Vida Cristã é concebida como imersão no mistério de Cristo por meio da Igreja: desenvolvendo um senso de pertencimento à comunidade; educando ao sentido de comunhão; promovendo o acolhimento do Magistério e o diálogo fraterno; formando ao sentido de corresponsabilidade eclesial e para a contribuição como sujeitos ativos na edificação da comunidade, como discípulos missionários.[16]

A comunidade eclesial é, portanto, sujeito e meta do processo de Iniciação à Vida Cristã, pois a vida que se abre no Batismo é vida eclesial, "vida de comunhão, que vem da comunhão entre Cristo e o Espírito, dentro da qual o Batismo nos faz entrar".[17] Esse aspecto comunitário-eclesial é amplamente sublinhado tanto no Documento 107 da CNBB quanto no Diretório para a Catequese (2020), e parte da consciência de que: "Não existe nenhuma participação no mistério de Cristo que seja individual [...]. O Batismo nos introduz a Cristo e aos irmãos nessa comunhão inseparável a que chamamos *koinonía*".[18]

---

[12] CNBB, Doc. 107, n. 105.
[13] CNBB, Doc. 107, n. 93.
[14] CNBB, Doc. 107, n. 107-111.
[15] CNBB, Doc. 107, n. 112-115.
[16] DpC, n. 89.
[17] CAMPATELLI, 2008, p. 154.
[18] CAMPATELLI, 2008, p. 33-34.

Percebemos, assim, que o resgate da Iniciação à Vida Cristã em estilo catecumenal está profundamente situado no projeto do Concílio Vaticano II de *aggiornamento* da Igreja, para que esta possa se reconhecer e responder aos desafios da contemporaneidade. Assim, não se pode conceber a Iniciação à Vida Cristã desligada de um trabalho de pastoral de conjunto e sinodal, da conversão pastoral em vista de uma Igreja em saída para tornar o Reino de Deus presente no mundo,[19] com todos os seus desafios.

Iniciação à Vida Cristã em um mundo em mudança

Vivemos em uma realidade de profundas mudanças. A Conferência de Aparecida falava em uma "mudança de época"[20] e o Diretório para a Catequese fala de "uma revolução antropológica".[21] Segundo o Papa Francisco, "para se poder apoiar um estilo de vida que exclui os outros ou mesmo entusiasmar-se com esse ideal egoísta, desenvolveu-se uma globalização da indiferença".[22] As novas tecnologias e o advento da comunidade digital, embora possibilitem novos progressos, também contribuem para a perda de identidade local e para a formação de uma "cultura global comum" extremamente à mostra. Como falar de iniciação em um mundo onde se perde cada vez mais a beleza do mistério e onde tudo é desvelado? A iniciação tornou-se um elemento cada vez menos presente.

---

[19] EG, n. 176.
[20] DAp, n. 34.
[21] DpC, n. 46.
[22] EG, n. 54.

Há uma crise cada vez mais generalizada no sentido de pertença a um povo, um coletivo, uma nação ou uma instituição que esvazia os vínculos, sobretudo entre as novas gerações. Nas palavras de Francisco, "deixa de haver o mundo, para existir apenas o 'meu' mundo", e o resultado disso é "a tentação de fazer uma cultura dos muros, de erguer os muros, muros no coração, muros na terra [...]. E quem levanta um muro, quem constrói um muro, acabará escravo dentro dos muros que construiu".[23] Essa cultura globalizada carrega consigo o mal da indiferença como sinal de contradição.

As Diretrizes Gerais da Ação Evangelizadora da Igreja no Brasil 2019-2023 destacam a dimensão urbana dessa cultura globalizada. Fala-se de urbanização "não só porque as pessoas tendem a residir nas cidades, mas também porque o estilo de vida e a mentalidade dos ambientes citadinos se expandem sempre mais, alcançando os rincões mais distantes".[24] E no seio dessa sociedade globalizada e fragmentada, cada vez mais urbana, cresce uma cultura do descartável, como uma erva daninha que consome tudo e todos, onde "os excluídos não são 'explorados', mas resíduos, 'sobras'".[25] Isso nos faz questionar: qual o lugar da Iniciação à Vida Cristã na sociedade dos muros e do descartável?

Embora o cenário seja desafiador, o papa faz um apelo que carrega horizontes de esperança em meio à crise:

> Hoje podemos reconhecer que nos alimentamos com sonhos de esplendor e grandeza, e acabamos por comer distração, fechamento e solidão; empanturramo-nos de conexões, e perdemos

---
[23] FT, n. 27.
[24] DGAE, n. 28.
[25] EG, n. 53.

o gosto da fraternidade. Buscamos o resultado rápido e seguro, e encontramo-nos oprimidos pela impaciência e a ansiedade. Prisioneiros da virtualidade, perdemos o gosto e o sabor da realidade. A tribulação, a incerteza, o medo e a consciência dos próprios limites, que a pandemia despertou, fazem ressoar o apelo a repensar os nossos estilos de vida, as nossas relações, a organização das nossas sociedades e sobretudo o sentido da nossa existência.[26]

Uma autêntica Iniciação à Vida Cristã apresenta-se como resposta a esses desafios eclesiais e sociais. Muito embora os desafios do mundo em constante e acelerada mudança sejam exigentes, a Iniciação à Vida Cristã pode ser compreendida como um lugar de construção de uma nova cultura, "que nos conduza a superar as inimizades e cuidar uns dos outros".[27] Superar a cultura da indiferença e do descarte com uma cultura do encontro, baseada na escuta, no diálogo, na abertura ao outro e no amor concreto, é o horizonte que se desenha para a Iniciação à Vida Cristã hoje.

---

[26] FT, n. 33.
[27] FT, n. 57.

Iniciação à Vida Cristã a serviço da evangelização

Em sua exortação apostólica *Evangelii Nuntiandi*, sobre a evangelização, o Papa Paulo VI afirmava que a Igreja "existe para evangelizar".[1] À luz do mandato missionário de Jesus: "Ide, pois, e fazei discípulos todos os povos" (Mt 28,19a), a Igreja entende sua identidade de discípula missionária, como bem diz a Conferência de Aparecida:

> Ao chamar os seus para que o sigam, Jesus lhes dá uma missão muito precisa: anunciar o Evangelho do Reino a todas as nações (cf. Mt 28,19; Lc 24,46-48). Por isso, todo discípulo é missionário, pois Jesus o faz partícipe de sua missão, ao mesmo tempo que o vincula como amigo e irmão [...]. A missão não se limita a um programa ou projeto, mas é compartilhar a experiência do acontecimento do encontro com Cristo, testemunhá-lo e anunciá-lo de pessoa a pessoa, de comunidade a comunidade, e da Igreja a todos os confins do mundo (cf. At 1,8).[2]

Sendo a evangelização a identidade primeira da Igreja, é preciso ter clareza na compreensão do que é evangelizar. O Diretório para a Catequese (2020) afirma que "a evangelização

---

[1] EN, 1975, n. 14.
[2] CELAM, 2008, n. 144-145.

é um processo eclesial".[3] Isso significa que a evangelização não simplesmente acontece, mas é gerada, gestada, tecida no tempo. Não se trata de um exercício decorativo, nem de mero aprendizado: "Evangelizar não significa prioritariamente 'levar uma doutrina'; significa, sim, fazer presente e anunciar Jesus Cristo".[4] Assim podemos entender o Papa Francisco, quando diz que "a primeira motivação para evangelizar é o amor que recebemos de Jesus, aquela experiência de sermos salvos por ele que nos impele a amá-lo cada vez mais".[5]

Evangelizar é convidar à relação

Evangelizar é conduzir à relação com Jesus Cristo vivo. Uma pessoa, para se tornar presença real em nossa vida, precisa nos ser apresentada, criar relação, e isso não se dá do dia para a noite, mas necessita de tempo. A evangelização, que se realiza na relação, apresenta a pessoa humana a Cristo, o Filho de Deus que se fez humano para fazer do ser humano verdadeiramente humano como Deus sonhou, isto é, filho de Deus, partícipe da sua divindade. Isso traz consequências concretas para o processo da evangelização, pois significa que, "aqueles que creem já podem experimentar essa salvação aqui e agora, mas ela encontrará sua plenitude na ressurreição".[6]

A evangelização, portanto, não é a venda de um produto, nem um "processo de produção fabril", em série, ao modo industrial. Ela se desenvolve de modo artesanal, relacional

---

[3] DpC, n. 31.
[4] DpC, n. 29.
[5] EG, n. 264.
[6] DpC, n. 30.

e orgânico, em um caminho que dura o tempo de uma vida. Evangelizar desemboca sempre em um processo de amadurecimento da resposta humana, que é a fé. Sendo processo relacional, a evangelização se dá ao modo do caminho com seus passos gradativos. O Diretório para a Catequese apresenta esses passos na seguinte progressão: caridade inculturada; testemunho solidário; primeiro anúncio; iniciação à fé por meio do catecumenato e educação permanente da fé.[7]

Figura 1 – O processo de evangelização segundo o Diretório para a Catequese (2020)

No primeiro momento está a ação missionária que parte da caridade e do testemunho dos evangelizadores, que "inclui a abertura de coração, a capacidade de diálogo e de relações de reciprocidade, a disponibilidade de reconhecer os sinais do bem e da presença de Deus nas pessoas que encontram".[8] A forma de viver e de se relacionar dos discípulos de Jesus entre todos é o primeiro "grito" do Evangelho. O testemunho sensibiliza os corações com quem convive para, então, no momento oportuno, realizar-se explicitamente o anúncio da pessoa de Jesus Cristo e o convite à conversão. De fato, as palavras dos amigos chegam mais profundamente ao coração do que as dos desconhecidos; por isso, antes do primeiro anúncio está o primeiro encontro e os encontros que dele derivam, até desembocar no *querigma*.

---

[7] DpC, n. 31.
[8] DpC, n. 33.

O *querigma* é elemento constitutivo e fundamental do processo de evangelização. "Não haverá nunca evangelização verdadeira se o nome, a doutrina, a vida, as promessas, o Reino, o mistério de Jesus de Nazaré, Filho de Deus não forem anunciados."[9] Nas palavras do Papa Francisco, "ao designar-se como 'primeiro' este anúncio, não significa que o mesmo se situa no início e que, em seguida, se esquece ou substitui por outros conteúdos que o superam; é o primeiro em sentido qualitativo, porque é o anúncio *principal*, aquele que sempre se tem de voltar a ouvir".[10] O *querigma* é o essencial e o central da fé cristã, a base sólida sobre a qual será construído o edifício da fé e o trabalho catequético.

O segundo momento do processo é a ação catequética, que está a serviço da profissão de fé.[11] Na Igreja antiga, "os já evangelizados eram iniciados no mistério da salvação em um estilo evangélico de ser".[12] Eis o lugar da catequese: após o anúncio primeiro e principal, ela deve ajudar a sedimentar as consequências da acolhida da Palavra na vida do crente. Voltaremos a falar disso mais adiante. Após esse caminho iniciático, vem o terceiro momento do processo: a ação pastoral que "alimenta a fé dos batizados e os ajuda no processo permanente de conversão da vida cristã".[13] É o que habitualmente conhecemos como *formação permanente*, que atualiza no caminho da vida e dos carismas e ministérios específicos o que é ser discípulo missionário de Jesus Cristo.

---

[9] EN, n. 22.
[10] EG, n. 163.
[11] DpC, n. 34.
[12] DNC, n. 35.
[13] DpC, n. 35.

Embora a Iniciação à Vida Cristã seja um momento fundamental da evangelização, ela não compreende toda a evangelização, mas está situada no seio desse processo, entre a sensibilização à fé e a formação permanente. O sugestivo termo que usamos para designar esse caminho expressa bem o seu período: *Iniciação* à Vida Cristã. Esta tem seu começo após a acolhida por parte do interlocutor da proposta de conversão do Evangelho e terá seu fim após a celebração dos sacramentos da iniciação e da inserção do iniciando na comunidade eclesial. A Iniciação à Vida Cristã, portanto, está a serviço da evangelização como um todo. Assim, quando falamos em evangelização, sempre estará implícita nessa fala o todo da Iniciação à Vida Cristã; todavia, quando falamos de Iniciação à Vida Cristã, falamos sim de evangelização, porém não de seu processo como um todo.

A catequese de Iniciação à Vida Cristã

Na linguagem pastoral comum, trata-se catequese como sinônimo de Iniciação à Vida Cristã. No entanto, isso não é de todo verdade. O Diretório Nacional da Catequese (2005) já situava de maneira muito clara a catequese dentro e a serviço do processo de Iniciação à Vida Cristã.[14] Assim como a Iniciação à Vida Cristã está a serviço do processo de evangelização, a catequese está a serviço da Iniciação à Vida Cristã. O Novo Diretório para a Catequese confirma esse fato, dizendo: "A Catequese, etapa privilegiada do processo de evangelização, é geralmente voltada para pessoas que já receberam o primeiro

---

[14] Cf. DNC, n. 35.

anúncio, e em cujo íntimo ela promove os processos de Iniciação, crescimento e amadurecimento na fé".[15]

Figura 2 – Relação entre Iniciação à Vida Cristã e catequese no processo de evangelização

A palavra catequese é de origem grega (*catá-ekhéin*) e significa "fazer ecoar, ressoar". O que ecoa na catequese? O *querigma*. Depois do anúncio querigmático, aí está o lugar da catequese como segundo momento do processo iniciático, e não como primeiro. Sem o anúncio do querigma, a catequese irá fazer ressoar o quê? Correrá o risco de oferecer os mais belos elementos a corações que ainda não foram abertos pelo primeiro encontro com o Senhor.

A catequese, como aprofundamento da fé, nos primeiros séculos, era própria do tempo do catecumenato. Ela tem um lugar específico no caminho iniciático, e, se tudo é catequese, nada é Iniciação à Vida Cristã. Sua finalidade é "formar pessoas que conheçam cada vez mais Jesus Cristo e seu Evangelho de salvação libertadora".[16] Em sua identidade, a catequese é profundamente cristocêntrica, como afirma o Diretório: "A

---

[15] DpC, n. 56.
[16] DpC, n. 75.

catequese amadureça a conversão inicial e ajuda os cristãos a dar um significado pleno à sua própria existência, educando-os a uma *mentalidade de fé* conforme ao Evangelho, até que eles gradualmente passam a sentir, pensar e agir como Cristo".[17]

Nessa compreensão, a catequese a serviço da Iniciação à Vida Cristã é aquela que sabe o seu lugar no processo e se apresenta como uma "*formação de base, essencial, orgânica, sistemática e integral* da fé".[18] Uma catequese que "conduz à consciência da fé; inicia a celebração do mistério; forma a vida em Cristo; ensina a rezar e introduz à vida comunitária",[19] que contribui de forma substancial e orgânica no caminho de inculturação da fé.

---

[17] DpC, n. 77.
[18] DpC, n. 71.
[19] DpC, n. 79.

Iniciação à Vida Cristã como via de inculturação

Gerada a partir do encontro entre o cristianismo nascente e os cultos mistéricos pagãos, a Iniciação à Vida Cristã, ou catecumenato, é, de certa forma, filha de um processo de inculturação do Evangelho. A inculturação é elemento constitutivo da ação evangelizadora da Igreja, chamada a fazer discípulos missionários de Jesus em todos os povos, e, por esse motivo, diz respeito também à Iniciação à Vida Cristã. Analisaremos essa questão a partir de dois documentos da Igreja recentes: o Documento 107 da CNBB (2017) e o Diretório para a Catequese (2020), da Santa Sé.

Antes, porém, para bem compreender o chamado à inculturação no processo da Iniciação à Vida Cristã, precisamos entender o termo *cultura*. O célebre antropólogo Laraia, em seu livro *Cultura: um conceito antropológico*, apresenta, dentre algumas definições modernas sobre a cultura, a seguinte:

> Culturas são sistemas (de padrões de comportamento socialmente transmitidos) que servem para adaptar as comunidades humanas aos seus embasamentos biológicos. Esse modo de vida das comunidades inclui tecnologias e modos de organização econômica, padrões de estabelecimento, de agrupamento social e organização política, crenças e práticas religiosas, e assim por diante.[1]

---

[1] LARAIA, 2009, p. 31.

Essa definição de cultura como sistemas humanos dialoga com o que diz o Papa Francisco em sua Encíclica *Fratelli Tutti*: "A palavra 'cultura' indica algo que penetrou no povo, nas suas convicções mais profundas e no seu estilo de vida".[2] Assim, "quando falamos de uma 'cultura' no povo, trata-se de algo mais que uma ideia ou uma abstração; inclui as aspirações, o entusiasmo e, em última análise, um modo de viver que caracteriza aquele grupo humano".[3] Cultura é, portanto, a forma de vida de um povo vista de maneira integral. "Trata-se [...] da forma peculiar que têm os seus membros de se relacionar entre si, com as outras criaturas e com Deus. Assim entendida, a cultura abrange a totalidade da vida dum povo."[4] A partir desse conceito, em breves palavras, a inculturação pode ser entendida como o movimento de encarnação do Evangelho e da fé em uma determinada cultura. Voltaremos a essa conversa com mais profundidade na terceira parte do livro.

A inculturação da Iniciação à Vida Cristã no Documento 107 da CNBB

Nos parágrafos 217 a 219, o Documento 107 da CNBB aborda o tema da inculturação da Iniciação à Vida Cristã, afirmando que "nossa realidade exige que levemos em conta a existência das diferentes culturas dos interlocutores" e que, por isso, "um projeto de Iniciação à Vida Cristã 'não pode eliminar, ignorar, nem abafar, nem silenciar' essas especificidades. Elas exigem

---

[2] FT, n. 216.
[3] FT, n. 216.
[4] EG, n. 115.

uma verdadeira inculturação do Evangelho".[5] Essa consciência parte do reconhecimento do Brasil como um país pluricultural, com um povo – ou povos – rico e diverso culturalmente.

O documento delega às igrejas locais (dioceses) a responsabilidade direta de identificar, envolver, acompanhar e considerar com empatia, ainda que com postura crítica, os diversos grupos culturais presentes na sua realidade, como: afro-brasileiros, indígenas, quilombolas, ribeirinhos, ciganos, migrantes, dentre outros.[6] E afirma que "com esses grupos diferenciados é preciso criar espaços de experiência de fé, adequados às inquietações, características e possibilidades de cada um deles".[7] Esse é um dado importante, tendo em vista que é a Igreja local que convive, que partilha do dia a dia com o povo de uma determinada cultura, e não a conferência episcopal.

Além de esclarecer a responsabilidade direta, o texto oferece alguns critérios para a realização desse trabalho de criação de espaços de experiência de fé. São eles: estudar e refletir sobre suas características; compreender suas necessidades; integrar a fé cristã e a cultura do grupo; formar catequistas, introdutores e demais agentes pastorais provindos desses grupos culturais; e oferecer processos de Iniciação à Vida Cristã apropriados em seus recursos e conteúdos.[8]

É interessante notar a progressividade dos passos apresentada por essas indicações do documento, cujas primeiras atitudes são "estudar", "refletir" e "compreender". Portanto, para o Documento 107, antes de anunciar explicitamente Jesus Cristo é preciso olhar para a realidade local, estudar sua

---

[5] Doc. 107, n. 217.
[6] Doc. 107, n. 218.
[7] Doc. 107, n. 217.
[8] Doc. 107, n. 219.

cultura, refletir sobre sua forma de vida e de relação, escutar suas perguntas, antes de procurar oferecer respostas. Somente após esse trabalho é que chega a vez de "integrar" a fé e a cultura. O documento não oferece elementos para compreender o que se entende aqui por "integrar" e já passa para a necessidade de formar evangelizadores autóctones, isto é, naturais daquela própria cultura. De fato, não há ninguém com maior capacidade de integrar a fé cristã com a cultura local do que alguém que pertence àquela cultura e que nela e a partir dela livremente acolhe essa fé cristã. Somente esse sujeito autóctone pode garantir que se construam processos de Iniciação à Vida Cristã apropriados às culturas locais.

A inculturação da Iniciação à Vida Cristã no Diretório para a Catequese

O Diretório para a Catequese, lançado em 2020 pelo então Pontifício Conselho para a Promoção da Nova Evangelização, dedica seu décimo primeiro capítulo ao tema: "A catequese a serviço da inculturação da fé". Trata-se de um documento do nível da Igreja universal e, por isso, espera-se que traga elementos profundos e substanciosos sobre as motivações, fundamentações e o processo da inculturação. No entanto, sua abordagem da questão fica aquém do Documento 107 da CNBB.

Para o Diretório, o Espírito Santo é sujeito por excelência da inculturação da fé. Já nos primeiros parágrafos, o texto afirma que o Espírito Santo "age tanto na Igreja quanto naqueles aos quais ela deve alcançar e com os quais, de alguma forma, ela deve fazer-se presente, uma vez que Deus trabalha no coração de cada pessoa".⁹ É o Espírito quem "semeia a semente da Palavra; suscita desejos e obras de bem; prepara o acolhimento do Evangelho e concede a fé, para que, por meio do testemunho da Igreja, as pessoas possam reconhecer a presença e a comunicação amorosa de Deus".[10] Justamente porque é o Espírito Santo o artífice da inculturação é que se pode compreender que

> evangelizar não significa ocupar um território, mas suscitar processos espirituais na vida das pessoas, de modo que a fé seja enraizada e seja significativa. A evangelização da cultura exige alcançar o coração da própria cultura, no local onde se geram os novos temas e paradigmas, atingindo os núcleos mais profundos dos indivíduos e das sociedades, para iluminá-los a partir do seu interior com a luz do Evangelho.[11]

Esta definição parte do princípio elencado pelo Papa Francisco na *Evangelii Gaudium*: o tempo é superior ao espaço. "Esse princípio permite trabalhar a longo prazo, sem a obsessão pelos resultados imediatos."[12] Nessa discussão, Francisco diz que privilegiar os espaços de poder em vez dos tempos dos processos é um pecado. Assim, aplicando tal princípio na inculturação da fé, o Diretório fala da necessidade de alcançar o coração da cultura, o que exige encontro, permanência e tempo para ser realizado.

No que toca diretamente à Iniciação à Vida Cristã em inspiração catecumenal, o documento ressalta que

---

[9] DpC, n. 23.
[10] DpC, n. 23.
[11] DpC, 2020, n. 43.
[12] EG, n. 223.

não significa reproduzir, ao pé da letra, o catecumenato, mas assumir seu estilo e dinamismo formativo [...]. Repropõe-se os principais elementos do catecumenato, que, após o necessário discernimento, devem hoje ser incluídos, valorizados e atualizados com coragem e criatividade, em um esforço de verdadeira inculturação.[13]

Inspiração é mais adequação do que imitação. A metodologia catecumenal é apresentada como sendo compatível com a diversidade das culturas locais onde a Igreja é chamada a tornar presente o Reino de Deus, inclusive na Amazônia.

No entanto, o Diretório destaca que "a inculturação não pode ser considerada como uma mera adaptação a uma cultura. É, antes, uma jornada profunda, global e progressiva. Trata-se de uma lenta penetração do Evangelho no íntimo das pessoas e dos povos".[14] Em outras palavras, não se trata de uma equação matemática, nem de "envernizar" de Evangelho ou de religiosidade a cultura local. "A inculturação, no fundo, tem por finalidade o processo de interiorização da experiência na fé",[15] ou seja, de permitir à fé partir do coração de determinado povo.

Segundo o documento, a inculturação possui uma dinâmica, composta de momentos que interagem entre si: escutar, discernir, purificar e penetrar.[16] Escutar o *eco* da Palavra de Deus na cultura das pessoas. Discernir o que naquela cultura há de valor evangélico e o que é aberto ao Evangelho. Purificar o que é marcado pelo pecado. E penetrar nas pessoas, estimulando a conversão radical, o diálogo e o amadurecimento interno. E

---

[13] DpC, n. 64.
[14] DpC, n. 395.
[15] DpC, n. 396.
[16] DpC, n. 398.

aqui encontramos certa contradição: como é possível purificar a cultura antes de penetrá-la?

Esses momentos da dinâmica da inculturação são norteadores do que o Diretório chama de indicações metodológicas para a inculturação da fé no âmbito da catequese:

a) Conhecer profundamente a cultura das pessoas, ativando dinâmicas relacionais marcadas pela reciprocidade, que favorece uma nova compreensão do Evangelho;

b) Reconhecer que o Evangelho tem a própria dimensão cultural, mediante a qual se inseriu ao longo dos séculos nas diversas culturas;

c) Comunicar a verdadeira conversão de que o Evangelho, enquanto força transformadora e regeneradora, realiza nas culturas;

d) Fazer compreender que o Evangelho está presente e germinando nas culturas e, todavia, as transcende sem nelas se exaurir;

e) Prestar atenção para que, na nova expressão do Evangelho, segundo a cultura evangelizada, não seja negligenciada a integridade do conteúdo da fé, fator de comunhão da Igreja.[17]

Nessa dinâmica e com essas indicações metodológicas, a Igreja deverá favorecer e encorajar os "lábios dos catequistas (Rm 10,8-10), a partir da plenitude de seu coração (Mt 12,34)", para que "floresçam anúncios críveis, confissões de fé vitais, novos hinos cristológicos para anunciar a Boa Notícia: 'Jesus Cristo ama-te, deu a sua vida para te salvar, e agora vive contigo todos os dias para te iluminar, fortalecer, libertar' (EG, n. 164)".[18] Para isso, faz-se necessário dedicar esforços

---

[17] DpC, n. 397.
[18] DpC, n. 58.

na formação de catequistas autóctones, que desde a própria cultura possam anunciar o Evangelho de coração para coração, o que está em relação com a proposta do Documento 107.

Nos parágrafos 102 a 105 do Diretório, onde se fala das fontes da catequese, trata-se de uma suposta "cultura cristã". O documento afirma, ainda, que "a cultura cristã tem desempenhado um papel determinante na preservação das culturas anteriores e no progresso da cultura internacional".[19] Não fica claro, porém, de que cultura cristã se está falando. A simples menção a uma suposta "cultura cristã" mostra-se contraditória ao que o próprio Diretório afirma sobre a incapacidade de o Evangelho se esgotar em uma única cultura.[20]

Nesses parágrafos, ao tratar de patrimônio ético, moral e artístico da "cultura cristã", fica subtendido que se trata da cultura europeia, o que contradiz as definições eclesiológicas do Papa Francisco, quando apresenta a Igreja como um povo com muitos rostos: "Ser Igreja significa ser povo de Deus, de acordo com o grande projeto de amor do Pai [...]. Esse Povo de Deus encarna-se nos povos da terra, e cada um dos quais tem a cultura própria".[21] Fica evidente, portanto, que a tentação do eurocentrismo e do cristianismo monocórdico permanece como desafio permanente à inculturação.

Essa explanação deixa claro que, embora o Diretório para a Catequese seja um texto do nível da Igreja universal e, dessa forma, trate da ampla diversidade cultural de todos os continentes, sua concepção de inculturação do processo de

---

[19] DpC, n. 105.
[20] DpC, n. 397d.
[21] EG, n. 114-115.

transmissão da fé fica a desejar diante do Documento 107. Esse, mesmo sendo direcionado a um país específico, consegue ser mais claro e coerente em suas indicações: o sujeito primeiro é a Igreja local, que, por sua vez, aproxima-se não como quem ensina, mas como quem aprende, formando outros sujeitos autóctones que possam anunciar a fé a partir das próprias culturas.

PARTE II

Acolhendo o Sínodo para a Amazônia

Entendendo o que é Sínodo

Após entendermos o lugar da Iniciação à Vida Cristã dentro do processo de evangelização e apresentá-la como via fecunda de inculturação, vamos identificar as interpelações do Sínodo para a Amazônia (2019), para a transmissão da fé nessa biorregião. Esta segunda parte trata da reflexão sobre sínodo e sinodalidade, onde pretende situar o processo do Sínodo Especial para a Região Pan-Amazônica a partir da caminhada de redescoberta do caráter sinodal da Igreja como povo de Deus, proposta pelo Papa Francisco. Em seguida, refletiremos a respeito da realidade concreta da Amazônia, compreendendo-a como lugar teológico com suas belezas e chagas. A partir das abordagens acerca do Sínodo e do contexto da Amazônia, identificaremos nos principais documentos sinodais o tema da Iniciação à Vida Cristã.

Comecemos pelo básico: afinal, o que é Sínodo? A palavra *sínodo*, conhecida pela maioria dos cristãos da Igreja primitiva, esquecida por séculos pelo Ocidente, retorna em nossos dias com força e destaque. Esta palavra, de origem grega, significa "caminhar juntos" e, para a Tradição da Igreja, expressa "o caminho feito conjuntamente pelo povo de Deus".[1] Dessa forma, só é possível compreender bem o significado profundo

---

[1] CTI, n. 3.

de *sínodo* para a fé cristã a partir do entendimento da Igreja (eclesiologia) como povo de Deus.

O Concílio Vaticano II (1962-1965) viu a Igreja como mistério e como povo de Deus. Em sua Constituição Dogmática sobre a Igreja, *Lumen Gentium*, o Concílio começa por tratar do que é comum nos dois primeiros capítulos: o Mistério da Igreja e o povo de Deus, para depois, nos capítulos seguintes, tratar do que se distingue: a hierarquia, o episcopado, os leigos e os religiosos, todos chamados à santidade. Tal compreensão vem superar a antiga imagem da Igreja enquanto *societas inaequalis* – sociedade desigual – que se foi impondo "como categoria teológica fundamental a partir do século XII".[2] Nessa concepção, a Igreja estaria dividida em duas classes de cristãos: os clérigos e os leigos, diferentes em dignidade. Por se entender como "povo de Deus", no entanto, a Igreja rompe e corrige essa distorcida compreensão de si mesma.

A eclesiologia do povo de Deus, portanto, inverte e supera a imagem piramidal, na qual um serviço se coloca acima do outro em dignidade: papa acima do bispo, bispo acima do padre, padre acima dos leigos e das religiosas consagradas. A *Lumen Gentium* afirma que o Batismo concede a todos o *sensus fidei*, que é um "sentido sobrenatural da fé".[3] Isso significa que, pelo Batismo, todos são sujeitos eclesiais. Portanto, há uma comum dignidade entre os membros do povo de Deus, e ser ordenado não significa ser mais Igreja ou ser mais "povo" que os outros batizados. No povo, não importa se se está na frente, no meio, do lado ou atrás; no povo, todos são povo, pertencem ao povo e caminham juntos em igual dignidade, mesmo na diferença

---

[2] AQUINO JÚNIOR, 2022, p. 97.
[3] LG, n. 12.

de funções. Esse "caminhar juntos" é a aplicação concreta de *sínodo*: a sinodalidade. Dessa forma, a Igreja é toda ela sinodal, e a sinodalidade constitui a própria identidade eclesial.

Sínodo como processo

O Papa Francisco assumiu que caminhar juntos "é um conceito fácil de exprimir em palavras, mas não é assim fácil pô-lo em prática".[4] Já os bispos, durante o Concílio Vaticano II, como esforço de sinodalidade na Igreja, solicitaram ao Papa Paulo VI a reinstituição do antigo Sínodo dos Bispos que existia nas províncias eclesiásticas dos primeiros séculos do cristianismo, de modo que as conferências episcopais do mundo inteiro pudessem contribuir concretamente com a missão do papa.

É buscando recuperar esse desejo dos bispos conciliares que o Papa Francisco se empenhou em fortalecer a sinodalidade da Igreja e a colegialidade episcopal. Em 2015, por ocasião da comemoração dos 50 anos da instituição da Assembleia do Sínodo dos Bispos, Francisco disse que, desde o Concílio Vaticano II, "temos vindo a experimentar de forma cada vez mais intensa a necessidade e a beleza de 'caminhar juntos'".[5] Quando afirma que o caminho da sinodalidade "é precisamente o caminho que Deus espera da Igreja do terceiro milênio",[6] o papa coloca o Sínodo dos Bispos como expressão e a serviço da sinodalidade da Igreja. Em suas palavras: "O Sínodo dos Bispos é apenas a manifestação mais evidente de um dinamismo de

---

[4] FRANCISCO, 2015b.
[5] FRANCISCO, 2015b.
[6] FRANCISCO, 2021b.

comunhão que inspira todas as decisões eclesiais",[7] ou seja, a sinodalidade é mais ampla que o Sínodo dos Bispos e o Sínodo dos Bispos está a serviço da sinodalidade. Nesse discurso, Francisco lançava as bases para uma mudança jurídica e organizacional na Assembleia do Sínodo dos Bispos que se iria materializar três anos depois, em 2018, com a publicação da Constituição Apostólica *Episcopalis Communio*.

Com esse documento, o Papa Francisco confirma a Assembleia do Sínodo dos Bispos como processo e não apenas evento eclesial. Segundo a Constituição, a Assembleia do Sínodo possui três fases sucessivas: "a fase preparatória, a fase celebrativa e a fase de atuação".[8] Na fase preparatória ocorre a consulta ao povo de Deus das Igrejas particulares (dioceses), a reunião pré-sinodal e a elaboração de um instrumento de trabalho a partir das sínteses das escutas enviadas à Secretaria Geral do Sínodo. O envolvimento das Igrejas particulares, para além de seus bispos, identifica o Sínodo como organismo da Igreja e a serviço da Igreja, mais que um organismo da Santa Sé e a serviço do papa.

Na fase celebrativa do Sínodo, com a presença de bispos e não bispos, acontecem as sessões plenárias, chamadas de "Congregações Gerais e os Círculos Menores",[9] onde será discutido o tema da Assembleia do Sínodo, em Roma. Ao fim dessa fase, é entregue ao papa o Documento Final da Assembleia aprovado pelos membros.[10] É interessante destacar o peso magisterial que a *Episcopalis Communio* dá a este documento votado em Assembleia: "Se expressamente aprovado pelo Romano

---

[7] FRANCISCO, 2015b.
[8] EpC, art. 4.
[9] EpC, art. 14.
[10] EpC, art. 17.

Pontífice, o Documento final faz parte do Magistério ordinário do Sucessor de Pedro".[11] Não se trata, portanto, de um relatório das discussões da assembleia ou um subsídio, mas sim de um documento oficial do magistério com peso pontifício. Essa é uma grande novidade da reforma que Francisco fez na estrutura do Sínodo dos Bispos, pois considera de forma efetiva os padres sinodais e o princípio da colegialidade episcopal.

A terceira e última fase é a da atuação da Assembleia do Sínodo, ou seja, da aplicação de suas conclusões. O processo do Sínodo, que se iniciou nas Igrejas locais por meio da consulta ao povo de Deus e rumou para a Assembleia dos Bispos em Roma, desemboca novamente nas Igrejas locais, pois são os bispos diocesanos os responsáveis por cuidar do acolhimento e da atuação das suas conclusões.[12] A legislação prevê ainda a formação de uma comissão formada por especialistas para cuidar da atuação das conclusões. Esse novo modelo de realização da Assembleia do Sínodo dos Bispos foi exercitado, pela primeira vez, no Sínodo de 2019 e, tendo sido esse um laboratório inicial, o papa convocou o Sínodo de 2021-2024 para tratar especificamente sobre a sinodalidade, com o tema: "Por uma Igreja Sinodal: comunhão, participação e missão".

Ao fim das duas seções do Sínodo sobre a Sinodalidade, realizadas respectivamente em outubro de 2023 e outubro de 2024, aprovou-se o Documento Final, que sintetiza suas conclusões. O Papa Francisco acolheu o Documento Final e decidiu não escrever uma Exortação Apostólica, mas deixar esse documento como o único texto de deliberações do Sínodo. Nele, a assembleia sinodal afirma que "o processo sinodal nos

---

[11] EpC, art. 18.
[12] EpC, art. 19.

fez experimentar o 'sabor espiritual' (EG 268) de ser o Povo de Deus, reunido de todas as tribos, línguas, povos e nações, vivendo em diferentes contextos e culturas. Nunca é a mera soma dos batizados, mas o sujeito comunitário e histórico da sinodalidade e da missão, ainda peregrino no tempo e já em comunhão com a Igreja do céu".[13]

A grande exortação do Sínodo 2021-2024 foi a de uma conversão relacional: "Durante toda a jornada do Sínodo e em todas as latitudes, surgiu o apelo por uma Igreja mais capaz de nutrir relacionamentos: com o Senhor, entre homens e mulheres, nas famílias, nas comunidades, entre todos os cristãos, entre grupos sociais, entre religiões, com a criação".[14] Sabemos de nossa identidade, temos clareza da fé que professamos, mas precisamos deixar que essa fé se torne vida em nossas vidas e na vida de nossas comunidades: "'Nisto conhecerão todos que sois meus discípulos: se vos amardes uns aos outros' (Jo 13,35) [...]. Portanto, ser uma Igreja sinodal requer uma verdadeira conversão relacional".[15]

O processo do Sínodo de 2019

Voltemos agora ao Sínodo de 2019. No dia 15 de outubro de 2017, na Praça São Pedro no Vaticano, durante a cerimônia de canonização de alguns beatos, incluindo os Mártires de Cunhaú e Uruaçu, do Rio Grande do Norte, o Papa Francisco anunciou a convocação do Sínodo para a Amazônia, com o tema:

---

[13] DF, n. 17.
[14] DF, n. 50.
[15] DF, n. 50.

"Amazônia: novos caminhos para a Igreja e para uma ecologia integral". Na ocasião, disse o papa:

> Atendendo ao desejo de algumas Conferências Episcopais da América Latina, assim como a voz de vários pastores e fiéis de outras partes do mundo, decidi convocar uma Assembleia Especial do Sínodo dos Bispos para a Região Pan-Amazônica, que terá lugar em Roma no mês de outubro de 2019. O objetivo principal desta convocação é identificar novos caminhos para a evangelização daquela porção do povo de Deus, especialmente dos indígenas, muitas vezes esquecidos e sem a perspectiva de um futuro sereno. Também por causa da crise da floresta amazônica, pulmão de capital importância para o nosso planeta.

Dois foram os motivos que levaram o papa a convocar este Sínodo Especial (Extraordinário): a necessidade de identificar novos caminhos para a evangelização na Amazônia e a crise ambiental pela qual passa este bioma. Sendo o primeiro efetivamente a ser realizado a partir da Constituição *Episcopalis Communio*, o Sínodo Especial para a Região Pan-Amazônica teve um antes, um durante e um depois. O antes foi marcado pelo rico processo de escuta às bases, em todas as igrejas locais da Amazônia, o durante pela Assembleia Sinodal em Roma e o depois pelo caminho de implementação, a partir do Documento Final e da Exortação Apostólica "Querida Amazônia", do Papa Francisco.

Em 2018 foi lançado o Documento Preparatório, seguindo a metodologia "Ver, Julgar (Discernir) e Agir", com breves reflexões sobre a realidade amazônica, o chamado à conversão pastoral e ecológica e a novos caminhos para a Igreja e para uma ecologia integral. O Documento acompanhava um questionário que serviu de base para o amplo processo de escuta que foi confiado pela Secretaria Geral do Sínodo dos Bispos à Rede Eclesial Pan-Amazônica (REPAM). Durante mais de um ano, a REPAM conduziu os trabalhos de consulta com mais de 85 mil pessoas. O material que veio das bases foi condensado e sistematizado no *Instrumentum Laboris*, lançado em 2019, texto que deu base ao discernimento coletivo durante a Assembleia do Sínodo.

A Assembleia Sinodal se deu em Roma, dos dias 6 a 27 de outubro de 2019, presidida pelo Papa Francisco, com a participação de mais de trezentas pessoas, dentre bispos das igrejas locais da Pan-Amazônia, membros da Cúria Romana, delegados de congregações religiosas, padres, mulheres, indígenas, peritos, colaboradores e outros convidados. O Pe. Adelson Araújo dos Santos, jesuíta e perito sinodal, testemunha: "Éramos ali um grupo realmente bem diversificado: lideranças indígenas, cardeais da cúria romana, teólogos, religiosos e religiosas, cientistas, missionários, bispos etc. No entanto, predominou sempre um clima de muita cordialidade e respeito".[16]

Com a missão de discernir novos caminhos para a Igreja e para a Amazônia, os participantes do Sínodo realizaram um intenso trabalho de reflexão, debate e elaboração. Houve dias de intervenções livres, seguidos de sistematizações por grupos linguísticos, cujos relatórios foram compilados e colocados em votação como Documento Final. Em seu relato, Pe. Adelson diz que havia consenso sobre a necessidade, nas comunidades indígenas, de uma liturgia mais inculturada sobre o tema da ecologia integral e da conversão ecológica, bem como da reforma do programa formativo da Igreja na Amazônia desde a

---

[16] SANTOS, 2020, p. 24.

Iniciação Cristã até a formação para os ministérios ordenados e vida consagrada.[17]

Nas conclusões da Assembleia, os padres sinodais – como eram chamados aqueles com direito de voz e voto – aprovaram o Documento Final, que ficou organizado em cinco capítulos. Cada capítulo expressa uma dimensão da conversão que a Igreja é chamada a fazer para empreender novos caminhos na Amazônia: conversão integral, pastoral, cultural, ecológica e sinodal. No dia 12 de fevereiro de 2020, aniversário do martírio da Irmã Dorothy Stang, pouco mais de três meses depois da conclusão do Sínodo, o Papa Francisco publicou a Exortação Apostólica "Querida Amazônia", organizada em quatro capítulos que apresentam quatro sonhos do papa para a região Pan-Amazônica: sonho social, sonho cultural, sonho ecológico e sonho eclesial.

Correspondendo à concepção do Sínodo como processo, o Papa Francisco, com a "Querida Amazônia", não pretendeu capturar a responsabilidade de oferecer as conclusões oficias da temática do Sínodo de 2019. Assim, já nos primeiros parágrafos de sua exortação, ele aponta o sentido do seu texto e o situa dentro do caminho sinodal, apresentando o Documento Final – e não o substituindo – e, ao mesmo tempo, oferecendo a sua contribuição. Em suas palavras:

> Aqui, não vou desenvolver todas as questões amplamente tratadas no Documento conclusivo; não pretendo substituí-lo nem repeti-lo. Desejo apenas oferecer um breve quadro de reflexão que encarne na realidade amazônica uma *síntese* de algumas grandes preocupações já manifestadas por mim em

---
[17] SANTOS, 2020, p. 24-25.

documentos anteriores, que ajude e oriente para uma recepção harmoniosa, criativa e frutuosa de todo o caminho sinodal. Ao mesmo tempo, quero apresentar de maneira oficial o citado Documento, que nos oferece as conclusões do Sínodo e no qual colaboraram muitas pessoas que conhecem melhor do que eu e do que a Cúria Romana a problemática da Amazônia, porque vivem lá, por ela sofrem e a amam apaixonadamente. Nesta Exortação, preferi não citar o Documento, convidando a lê-lo integralmente. Deus queira que toda a Igreja se deixe enriquecer e interpelar por este trabalho, que os pastores, os consagrados, as consagradas e os fiéis leigos da Amazônia se empenhem na sua aplicação, e que, de alguma forma, possa inspirar todas as pessoas de boa vontade.[18]

Dessa forma, compreendemos que situar a exortação "no seio de todo o 'caminho sinodal', não só não substituindo o Documento Final como dando a este um 'caráter oficial', é um fato novo e um novo critério hermenêutico para ler a 'Querida Amazônia'".[19] As conclusões do Sínodo Especial para a Amazônia, portanto, podem ser encontradas em dois documentos irmãos, fundamentalmente relacionados: o Documento Final e a Exortação Apostólica "Querida Amazônia".

O Sínodo para a Amazônia foi um marco paradigmático da Igreja na região, na América Latina e no mundo inteiro. Entendido como processo, este Sínodo se insere em um caminho ao mesmo tempo como ponto de chegada e ponto de partida. É ponto de chegada de um caminho de colegialidade e sinodalidade das Igrejas locais amazônicas desde 1952, com a primeira reunião dos bispos deste território, passando pelos grandes

---

[18] QA, n. 2-4.
[19] BRIGHENTI, 2020, p. 309.

encontros de Santarém (1972) e de Manaus (1997). É também ponto de partida desde sua experiência de realização e de seus quatro documentos iluminadores: Documento Preparatório (2018), *Instrumentum Laboris* (2019), Documento Final (2019) e "Querida Amazônia" (2020). Tal qual o grande Amazonas alimentado por seus diversos rios irmãos e filhos, esse processo segue gerando vida no coração do território amazônico.

Amazônia como lugar teológico

Tendo compreendido o Sínodo de 2019 dentro do caminho de redescoberta da sinodalidade, iremos concentrar-nos, agora, em conhecer a Amazônia como região específica dessa Assembleia Especial do Sínodo dos Bispos e enquanto chão concreto da Iniciação à Vida Cristã. Para a nossa análise e a partir de nossos objetivos, contemplaremos a Amazônia enquanto *lugar teológico*. Enquadrar a Amazônia em um único conceito é um exercício perigoso, tendo em vista a sua diversidade e profundidade. Podemos dizer que não há "uma" Amazônia, mas "várias amazônias", tão diversas quanto diversos são os olhares dos povos e dos interessados.

Tendo clara a diversidade dessa biorregião, podemos entender a Amazônia enquanto um território de vida formado por mais de sete milhões e meio de km², compreendendo geograficamente nove países: Bolívia, Peru, Equador, Colômbia, Venezuela, Guiana, Suriname, Guiana Francesa e Brasil. Esse território abriga a maior floresta tropical do planeta e a grande bacia hidrográfica do rio Amazonas, que são lar de cerca de 15% da biodiversidade terrestre, isto é, das espécies de plantas, de animais e de microrganismos que existem no planeta, além de mais de 33 milhões de pessoas, incluindo 1,5 milhão de indígenas de 385 povos.[1]

---

[1] REPAM (entre 2018 e 2020).

Figura 3 – Pan-Amazônia. REPAM.
Disponível em: https://repam.org.br/pan-amazonia/.

Chama-se Pan-Amazônia a união do território para além das fronteiras nacionais e Amazônia Legal, a parte da Amazônia que está no Brasil, segundo a Lei 1806/1953, compreendendo nove estados: Acre, Amazonas, Amapá, Pará, Rondônia, Roraima, Mato Grosso, Tocantins e uma parte do Maranhão. A história da Amazônia é "um processo social entrecortado pelas relações sociais e de poder político de nove Estados-Nação e centenas de etnias, sem esquecer os diversos grupos sociais de interesse, de todos os tamanhos, nacionais e internacionais".[2] Esse território convida a um olhar atento para suas belezas e dores.

---

[2] SOUZA, 2021, p. 29.

Vida e beleza amazônidas

A Amazônia é um território onde pulsa a vida de maneira harmônica e profundamente relacionada, um espaço onde coexistem e convivem uma grande variedade de plantas, animais, microrganismos e gentes com suas diversas cores, línguas e culturas. Todos estes elementos unidos na tessitura de um vasto espaço composto de terra e também de água. O rio Amazonas é um dos maiores do mundo, com 6.992 km de comprimento. Nascendo no Peru, esse rio recebe em seu curso muitos nomes: Vilcanota, Uicaiali, Urubamba, Marañón e Solimões. Apenas após se unir ao grande rio Negro é que receberá o nome de Amazonas, até desaguar no Oceano Atlântico.[3] De maneira poética, o *Instrumentum Laboris* do Sínodo diz:

> O rio Amazonas é como uma artéria do continente e do mundo, flui como veias da flora e fauna do território, como manancial de seus povos, de suas culturas e de suas expressões espirituais. Como o Éden (cf. Gn 2, 6), a água é nascente de vida, mas também ligação entre suas diferentes manifestações de vida, na qual tudo está interligado (cf. LS, 16, 91, 117, 138 e 240). O rio não nos separa, mas nos une, ajudando-nos a conviver entre diferentes culturas e línguas.[4]

Unidos pelas águas do rio, é como os povos amazônidas se veem. A água, esse elemento tão fundamental na mística e ritualidade da liturgia católica, brota em abundância nas terras amazônicas. Há água correndo sobre a terra nos rios e igarapés; há água correndo embaixo da terra, no grande Aquífero

---

[3] PINHEIRO, 2022.
[4] IL, n. 8.

de Alter, o maior do mundo, com volume estimado de 86,4 mil km³ de água[5]; e há água correndo na atmosfera em forma de vapor, com os chamados rios voadores, onde uma árvore com copa de cerca de dez metros é capaz de bombear mais de trezentos litros de água na forma de vapor em um único dia.[6] A água lançada na atmosfera pela floresta amazônica desce levando chuva para o Centro-Oeste, Sul e Sudeste do Brasil, como também para outros países, até a Cordilheira dos Andes.

Em sua biodiversidade, a Amazônia é lar de dezenas de milhares de espécies de animais e de plantas, inclusive medicinais. Estima-se que cerca de cinco a dez mil espécies de plantas amazônicas tenham potencial farmacológico.[7] Atualmente, mais de dez mil espécies de animais e plantas correm risco de extinção devido à destruição do bioma. Em sua encíclica *Laudato Si'*, sobre o cuidado da casa comum, o Papa Francisco afirma que "não basta pensar nas diferentes espécies como eventuais 'recursos' exploráveis, esquecendo que possuem um valor em si mesmas".[8] Em outras palavras, essa biodiversidade não é bela apenas porque é útil, porque serve aos olhos e à saúde humana, mas também é bela simplesmente por existir.

A Amazônia também é rica na diversidade humana dos seus povos. Só na Amazônia brasileira são "cerca de 180 povos indígenas, somando uma população de aproximadamente 208 mil indivíduos, além de 357 comunidades remanescentes de quilombolas e milhares de comunidades de seringueiros, ribeirinhos ou babaçueiros",[9] e também habitantes das cidades,

---

[5] PENA, s.d.
[6] PENA, s.d.
[7] Cf. SANTANA, 2016.
[8] LS, n. 33.
[9] HECK et al., 2005, p. 238.

amazônidas com múltiplas formas culturais. Contemplando o rosto poliédrico das gentes da Amazônia, o Papa Francisco afirma: "Deus manifesta-se, reflete algo da sua beleza inesgotável através de um território e das suas caraterísticas, pelo que os diferentes grupos, numa síntese vital com o ambiente circundante, desenvolvem uma forma peculiar de sabedoria".[10] E por ser um espaço onde brilha de maneira tão diversa a beleza humana, a Amazônia também "é um espaço em que a humanidade pode aprender um pouco mais sobre si mesma".[11]

A Amazônia possui uma história humana antiga e bela que não começa com a chegada dos colonizadores europeus. No início da colonização europeia na Amazônia, a população indígena "era entre três e cinco milhões de pessoas".[12] Essa sociodiversidade foi violentamente diminuída pelos conquistadores da América e "o que havia sido construído em pouco menos de 10 mil anos foi aniquilado em menos de 100, soterrado em pouco mais de 250 e negado em quase meio milênio de terror e morte".[13] Os colonizadores trouxeram consigo os conflitos armados, a escravização e ainda muitas doenças desconhecidas pelos povos indígenas. Isso tudo contribuiu para o extermínio dessas comunidades.[14]

Segundo pesquisas, a presença de sociedades humanas na Amazônia tem, provavelmente, cerca de 15 mil anos.[15] A tese mais aceita hoje pelos historiadores e antropólogos é a de que os primeiros grupos humanos chegaram às Américas através

---

[10] QA, n. 32.
[11] SOUZA, 2021, p. 29.
[12] HECK et al., 2005, p. 239.
[13] SOUZA, 2021, p. 47.
[14] CRUZ, 2020, p. 49.
[15] SOUZA, 2021, p. 37.

da Ásia, via América do Norte, e gradativamente foram descendo até a Amazônia e os Andes. Contudo, "ainda que a fisionomia da população amazônica evidencie o seu estoque genético asiático, ela resultou numa constelação bastante diferenciada de tipos físicos, produto de uma diversificada contribuição biológica e cultural".[16]

Há diversos indícios que mostram que os povos amazônicos já cultivavam a arte da cerâmica "pelo menos um milênio antes dos povos andinos".[17] Isso significa que cerca de quatro mil anos atrás a Amazônia já possuía comunidades organizadas e sofisticadas, "estabelecendo vasta e variada rede de sociedades de subsistência, sustentadas por economias especializadas em pesca de larga escala e caça intensiva, além de agricultura de amplo espectro, cultivando plantas e também criando animais".[18]

Sem utilizar a roda ou animais de tração, "os povos indígenas descobriram e domesticaram mais da metade dos sete grãos alimentícios correntemente comercializados no mundo de hoje",[19] e outros produtos tais como "o milho, a batata-doce, a macaxeira, o tomate, o amendoim, a pimenta, o chocolate, a baunilha, o abacaxi, o mamão, o maracujá e o abacate".[20] A história de grupos infantilizados e desorganizados é um mito que serviu e serve ainda hoje ao preconceito para com os povos indígenas. "Infantilidade e atraso: eis os dois conceitos que foram gerados para tornar visível a diferença e melhor dominar o novo mundo."[21]

---

[16] SOUZA, 2021, p. 38.
[17] SOUZA, 2021, p. 44.
[18] SOUZA, 2021, p. 44.
[19] SOUZA, 2021, p. 61.
[20] SOUZA, 2021, p. 61.
[21] SOUZA, 2021, p. 69.

Na escuta sinodal, o povo de Deus afirmou que "os povos indígenas em sua cosmovisão têm a proposta de contribuir para a construção de dias melhores para a humanidade, para o mundo e, principalmente, para aqueles que são uma opção preferencial da nossa fé cristã: os pobres".[22] Essa proposta é conhecida como o *bem-viver*. Suas características são "a conectividade (tudo está conectado), o princípio do equilíbrio e seu caráter de comunidade, que orientam diferentes valores",[23] o que pode ser resumido como "o desejo de uma vida em harmonia com todos os seres, com outros homens e mulheres, com Deus e as forças espirituais, com a natureza em suas infinitas manifestações e consigo mesmo".[24] Sendo assim, diz o relatório das escutas:

> Devemos aprender a ser e estar com esses povos. Até agora estamos há pouco tempo, sempre de passagem, rapidamente, oferecemos o tempo que nos resta. Mas mais do que "ser", temos que "estar" com eles, neles e para eles. Nossa presença na Pan-Amazônia é chamada a ser muito simples e direta: chama-se *compartilhar*, comer como eles comem, dormir como eles dormem, rezar como eles rezam, pescar como eles pescam, viver como eles vivem. É só isso. E essa presença se torna *sagrada* porque é a *graça* de Deus.[25]

A Amazônia é, portanto, um lugar de beleza, e a beleza é sempre uma epifania que fala do seu criador. No relatório das escutas sinodais na Amazônia, os povos compreenderam o território como *lugar teológico*, isto é, "um lugar de

---

[22] SÍNTESIS GENERAL DE LA REPAM, 2019, p. 26, tradução nossa.
[23] SÍNTESIS GENERAL DE LA REPAM, 2019, p. 26, tradução nossa.
[24] SÍNTESIS GENERAL DE LA REPAM, 2019, p. 26, tradução nossa.
[25] SÍNTESIS GENERAL DE LA REPAM, 2019, p. 26, tradução nossa.

sentido para a fé e a experiência de Deus na história".[26] O *Instrumentum Laboris* apresenta a Amazônia enquanto lugar teológico, "a partir do qual se vive a fé" e como "uma peculiar fonte de revelação de Deus".[27] Afirmar que a Amazônia é lugar teológico é dizer, antes de tudo, que Deus nela fala e se revela. "Na Amazônia manifestam-se as 'carícias de Deus' que se encarna na história (cf. LS, 84)."[28] Nessa perspectiva, o Papa Francisco escreve:

> Jesus disse: "Não se vendem cinco pardais por duas moedinhas? No entanto, nenhum deles é esquecido diante de Deus" (Lc 12,6). Deus Pai, que criou com infinito amor cada ser do universo, chama-nos a ser seus instrumentos para escutar o grito da Amazônia [...]. Segundo os cristãos, o próprio Jesus nos chama a partir das criaturas, "porque o Ressuscitado as envolve misteriosamente e guia para um destino de plenitude. As próprias flores do campo e as aves que ele, admirado, contemplou com os seus olhos humanos, agora estão cheias da sua presença luminosa" (LS, n. 100). Por todas estas razões, nós, os crentes, encontramos na Amazônia um lugar teológico, um espaço onde o próprio Deus se manifesta e chama os seus filhos.[29]

Para Francisco, compreender a Amazônia como lugar teológico é também concebê-la como um lugar de onde Deus chama. A Amazônia é, assim, uma via vocacional. Tal qual a experiência de Moisés no Êxodo, que encontra o Senhor que o chama pelo nome desde o fogo de uma sarça – um arbusto – que arde sem se consumir (cf. Ex 3,2), a Amazônia é lugar da

---

[26] SÍNTESIS GENERAL DE LA REPAM, 2019, p. 26, tradução nossa.
[27] IL, n. 19.
[28] IL, n. 19.
[29] QA, n. 57.

manifestação de Deus que chama a si e envia em missão. Como afirmaram os povos na consulta sinodal:

> Deus está na Amazônia, ele nos fala e nos convida: como Deus-Criador, para cuidar "da casa comum" (LS) e cuidar do "bem-viver" de todos; como Deus-Salvador crucificado, para ouvir sua voz nos feridos e vulneráveis; como Deus-Espírito Santo, que fecundava as águas da criação e que flutua nas imensas águas do Amazonas, que sustenta o Pentecostes plural contra a confusão babilônica, e que é o Pai dos pobres. A voz de Deus nos fala em múltiplas vozes da natureza e das culturas de seus habitantes; é uma voz: orante, sagrada e mística; de resistência que atravessa o mistério da vida e da morte pascal [...]; da história que nos lembra do passado colonial, nos adverte contra a ganância política de hoje e nos enche de esperança.[30]

Para evangelizar na Amazônia, portanto, uma consciência primordial deve ser de que o evangelizador não leva Deus, mas o desvela, reconhece a presença de um Deus que já está e já se manifesta a partir desse território. Para perceber essa presença misteriosa, será preciso contemplar e deixar-se maravilhar, surpreender pela estonteante beleza da natureza e das culturas amazônidas, como também deixar-se provocar pelos seus gritos, pois a Amazônia, esse lugar teológico a partir de onde Deus nos fala e no qual se revela, não possui apenas belezas, mas também feias mazelas.

---

[30] SÍNTESIS GENERAL DE LA REPAM, 2019, p. 26, tradução nossa.

Amazônia que geme como em dores de parto

O sagrado território amazônico "está gemendo como que em dores de parto" (Rm 8,22). Suas chagas estão abertas e crescem pela ação humana inconsequente. Nas palavras do Papa Francisco, "há um modo desordenado de conceber a vida e a ação do ser humano, que contradiz a realidade até ao ponto de arruiná-la".[31] Nessa mesma Encíclica, o Papa defende que o grande avanço tecnológico de nossos tempos não foi acompanhado de um avanço antropológico e ético. O ser humano não desenvolveu a tempo as habilidades para utilizar bem e humanamente as tecnologias que criou;[32] "carece de uma ética sólida, uma cultura e uma espiritualidade que lhe ponham realmente um limite e o contenham dentro de um lúcido domínio de si".[33]

Desenvolvemos uma interpretação errada da tradição judaico-cristã no que diz respeito ao meio ambiente. Pensamos ser dominadores – donos –, esquecendo que tal domínio somente pode ser entendido como cuidado – guardiões – para com a criação.[34] "Esquecemo-nos de que nós mesmos somos terra (cf. Gn 2,7). O nosso corpo é constituído pelos elementos do planeta; o seu ar permite-nos respirar e a sua água vivifica-nos e restaura-nos."[35] O teólogo Leonardo Boff, refletindo sobre esta questão, afirma:

> Esse modo de habitar a *casa comum* nega uma das constantes cosmológicas, que preside o universo, que sustenta todos os seres, das galáxias mais distantes, das estrelas, da nossa Terra

---

[31] LS, n. 101.
[32] LS, n. 105-106.
[33] LS, n. 105.
[34] LS, n. 66-67.
[35] LS, n. 2.

e até de cada um de nós, comprovando que tudo está relacionado com tudo e que ninguém existe fora da relação (*Laudato Si'*, n. 86; 117). Tudo isso é rejeitado, prática e teoricamente, por este sistema perverso que chegou a introduzir uma *nova era geológica*, o *antropoceno*.[36]

O *antropoceno* do qual fala Boff é um conceito cunhado por estudiosos desde 1995. Trata-se da "era dos humanos"[37] entendida a partir das "mudanças irreversíveis que o homem impingiu a um mundo dinâmico de quatro bilhões e meio de anos, cujo passado de transformações e renovações radicais se devia apenas a fatores e processos naturais de longa duração ou efeito".[38] Falar em antropoceno é falar do poder do ser humano, graças às tecnologias, de modificar os ritmos do planeta, da terra, da água e do ar. Como consequência dessa mentalidade predatória, a Amazônia sangra por males como: o desmatamento, o envenenamento da terra e dos alimentos, os grandes projetos de infraestrutura, a violação dos direitos humanos e sociais, a drogadição e o narcotráfico, dentre outros.

Embora a exuberância da floresta amazônica encante os que a sobrevoam, o grande "tapete verde" fervilhante de vida está cada vez mais fragilizado. Antes da chegada dos conquistadores, "a floresta densa de terra firme cobria mais de 5 milhões de quilômetros quadrados da Amazônia".[39] Os povos que habitavam essa região conviveram por milênios em profunda harmonia com a floresta em pé. Até os inícios da década de 1970, o desmatamento da floresta era inferior a 1% do território.

---

[36] BOFF, 2020, grifo do autor.
[37] ALVES, 2017.
[38] VIEIRA et al., 2018, p. 56.
[39] SOUZA, 2021, p. 32.

Quando falamos em desmatamento, referimo-nos à "'limpeza' de extensos trechos da floresta através de corte raso e queima",[40] que "é realizado principalmente com a finalidade de transformar a floresta em pasto para criação de gado ou para a monocultura de alguma planta com alto valor de mercado",[41] como a soja e o dendê. A partir daí, houve uma aceleração gradativa na destruição da floresta, chegando a 2016 com quase 20% da Amazônia desmatada. A área total já desmatada corresponde a cerca de 785 mil km^2, mais do que o território dos estados do Maranhão, do Piauí e do Ceará juntos.[42]

Uma pesquisa feita pelo MapBiomas revela que, de toda essa área, cerca de 44 milhões de hectares de floresta foram derrubados para a agropecuária, sendo 86% para o pasto e 13% para a agricultura.[43] O desmatamento é galopante. Durante o ano de 2020 chegamos a perder cem hectares de floresta por hora na Amazônia.[44] Segundo os pesquisadores, a perda da floresta está intimamente relacionada à seca dos igarapés e dos rios, impactando diretamente nas populações que deles sobrevivem. Com a derrubada da árvore, não cai apenas a vida de uma planta, mas cai também a qualidade de vida dos animais e das comunidades humanas da Amazônia e de fora dela, pois, "sem vegetação, não há floresta. Com as árvores queimadas ou cortadas para o comércio, não haverá selva. Sem a selva, não haverá Amazônia. Sem a Amazônia, não haverá o planeta Terra".[45]

---

[40] VIEIRA et al., 2018, p. 57.
[41] VIEIRA et al., 2018, p. 57.
[42] VIEIRA et al., 2018, p. 57.
[43] PRIZIBISCZKI, 2021b.
[44] PONTES, 2021.
[45] SOUZA, 2021, p. 32.

Além do corte e da queima de árvores, um levantamento feito pela Agência Pública e Repórter Brasil revela que grandes proprietários de terra estão literalmente despejando veneno em cima das florestas com o objetivo de avançar seus domínios floresta adentro. Segundo o levantamento, em dez anos, cerca de trinta mil hectares de vegetação foram envenenados no Brasil, a maior parte deles na Amazônia.[46] Acrescenta-se a isso a avassaladora liberação de agrotóxicos no país, que somaram 2.182 em quatro anos (2019-2022).[47] Pesquisadores da USP já alertam para o aumento na diversidade de bactérias resistentes a antibióticos devido ao desmatamento na Amazônia.[48] Segundo o cientista e doutor Carlos Nobre, que foi perito no Sínodo da Amazônia, é alto o risco de surgir uma nova epidemia ou pandemia a partir desse território.[49]

Dentre as maiores chagas do território amazônico, encontram-se os grandes projetos de infraestrutura no campo de mineração e energia, e do escoamento de produção de grãos com as hidrovias, rodovias e ferrovias. Esses megaprojetos desencadeiam uma série de destruição para além de seus relatórios de danos. Os impactos são sentidos pelas populações originárias e urbanas, pelos animais e plantas, na qualidade da água, do solo e do ar, como é o caso da escassez na pesca no rio Xingu, no Pará, após anos da existência da barragem de Belo Monte.[50]

Hoje são centenas os grandes projetos de infraestrutura em construção ou em elaboração somente na Amazônia Legal. Se a

---

[46] FREITAS, 2021.
[47] SALATI, 2023.
[48] JULIÃO, 2021.
[49] NOBRE, 2020.
[50] MINISTÉRIO PÚBLICO FEDERAL NO PARÁ, 2022.

Amazônia é um grande organismo onde tudo está interligado, cada barragem construída nos rios é como uma veia entupida, cada buraco de mineração é como uma ferida aberta e cada rodo-hidro-ferrovia é como um corte a necrosar o tecido da vida que pulsa nessa biorregião, gerando lucro para poucos em detrimento da perda da vida e da qualidade de vida para muitos.

É claro que todos esses danos ao território cobram o seu preço. Não é sensato pensar que se pode explorar o ecossistema o quanto quiser e depois restaurá-lo. Segundo o Painel Científico para a Amazônia (SPA), elaborado por mais de duzentos cientistas e lançado na Conferência do Clima da ONU em Glasgow (2021), a Amazônia se aproxima aceleradamente de um "catastrófico ponto de inflexão" ou "ponto de não retorno", devido à grande e multiforme destruição do bioma. Ao atingir esse ponto, "a floresta não será mais capaz de se recompor e perderá permanentemente sua vegetação, transformando-se em um ecossistema mais seco, degradado e com menor cobertura de árvores", podendo chegar até mesmo à savanização,[51] o que gerará – e já começou a gerar – graves consequências ao bem-estar humano.[52]

Como espaço humano, a Amazônia testemunhou e continua a testemunhar diversas violações aos direitos humanos e sociais, a começar pelos direitos dos povos originários, como o direito ao território, à autodeterminação, à demarcação dos territórios e à consulta e ao consentimento prévios. Essa violação penetra e mancha a história dessa região desde a chegada dos conquistadores europeus, mas não é coisa dos tempos idos. Souza nos lembra de que, "apenas no século XX, 110 idiomas

---

[51] PRIZIBISCZKI, 2021a.
[52] VIEIRA et al., 2014, p. 14.

indígenas desapareceram na Amazônia".[53] Ao convocar o Sínodo para a Amazônia, o Papa Francisco lembrava de forma especial dos povos indígenas, muitas vezes esquecidos e sem a perspectiva de um futuro. Aos povos indígenas se unem os profetas sociais que lutam em favor da justiça e do direito e que pagam até mesmo com sangue derramado, como foi o caso de Irmã Dorothy Stang, Chico Mendes, Pe. Ezequiel Ramin, Pe. Josimo, Ari Uru-Eu-Wau-Wau, Bruno Pereira e Don Phillips, mártires do bem comum e do bem-viver dos povos.

Entretanto, a Amazônia não é apenas floresta e campo, mas também *urbe*. "Atualmente, de 70% a 80% da população reside nas cidades",[54] e esse número continua aumentando. O desmatamento, os grandes projetos de infraestrutura e a violação dos direitos dos povos da floresta empurram essas populações para as cidades, formando cinturões de pobreza urbana, especialmente em metrópoles como Belém e Manaus. Na cidade, a juventude sem oportunidade de educação e emprego é alvo fácil do narcotráfico e do crime organizado. Diante de toda essa realidade desafiadora, o papa conclama à indignação:

> É preciso indignar-se (ISLA, n. 41), como se indignou Moisés (Ex 11,8), como se indignava Jesus (Mc 3,5), como se indigna Deus perante a injustiça (Am 2,4-8; 5,7-12; Sl 106[105],40). Não é salutar habituarmo-nos ao mal; faz-nos mal permitir que nos anestesiem a consciência social, enquanto "um rastro de dilapidação, inclusive de morte por toda a nossa região, [...] coloca em perigo a vida de milhões de pessoas, em especial do hábitat dos camponeses e indígenas" (DAp, n. 473).[55]

---

[53] SOUZA, 2021, p. 51.
[54] IL, n. 71.
[55] QA, n. 15.

A realidade que contemplamos aqui, bela e trágica, traz consigo o grito da Amazônia, "eco do clamor do povo escravizado no Egito, que Deus não abandona: *'Eu vi a opressão do meu povo que está no Egito, e ouvi o seu clamor diante dos seus opressores; conheço os seus sofrimentos. Desci a fim de o libertar da mão dos egípcios'* (Ex 3,7-8)".[56] Eis o que tudo isso tem em relação à evangelização: se "evangelizar é tornar o Reino de Deus presente no mundo",[57] a tarefa evangelizadora estará sempre a serviço da vida, e vida em abundância (cf. Jo 10,10), do bem-viver e bem conviver de todos, com todos e para todos.

Um olhar sobre a catequese na Amazônia colonial brasileira

Quero ainda conversar brevemente sobre como se deu o processo de transmissão da fé no território amazônico no período colonial do Brasil. Isso nos ajudará mais adiante, quando colhermos as interpelações do Sínodo 2019 para a Iniciação à Vida Cristã. Há quase quinhentos anos o cristianismo chegou às terras amazônicas. Ele vem na primeira hora do processo de colonização e é marcado por esse processo durante séculos. Embora os primeiros relatos da presença de missionários sejam da parte dos espanhóis, serão os portugueses a reivindicar a responsabilidade evangelizadora sobre a Amazônia e a exercer o trabalho pastoral em grande parte de sua extensão.

---

[56] IL, n. 23, grifo do autor.
[57] EG, n. 176.

É importante destacar que a guia e o controle do trabalho dos missionários não eram, em primeira instância, de competência da Igreja de Roma, mas sim da própria monarquia portuguesa. Isso acontecia devido a um acordo, que remonta ao século XIV, entre a Santa Sé e o Reino de Portugal, que ficaria conhecido como *Padroado Régio* ou *Padroado Português*. Dentre as atribuições concedidas ao monarca, estava a de nomear bispos e outros cargos eclesiásticos, criar novas dioceses, fundar conventos e construir igrejas. Em contrapartida, o rei se comprometia com o papado em zelar pela catequese dos povos indígenas e pelo avanço da fé católica no novo mundo.

A relação entre Igreja e Estado, portanto, era contornada por uma linha muito tênue. Os missionários colaboravam com o empreendimento da colonização e prestavam conta de suas atividades à Coroa. O rei, por sua vez, coordenava, fiscalizava e garantia que a atividade dos missionários nas terras da coroa fosse de acordo com os seus interesses, como atesta esta carta enviada por Dom João IV à Câmara do Pará em 1652:

> Eu El-Rei vos envio muito saudar. Ordenei aos religiosos da Companhia da Província do Brasil que, por serviço de Deus e meu, tornassem a esse Estado e fundassem nele as Igrejas necessárias com o intento de doutrinar e encaminhar ao gentio dele a abraçar nossa Santa Fé, principal obrigação minha nas conquistas.[58]

Franciscanos, carmelitas, mercedários, mas, sobretudo, jesuítas iriam instaurar e manter um organismo que se tornaria fundamental no projeto de colonização portuguesa: a política de aldeamento. De forma prática, os indígenas eram deslocados

---

[58] LEITE, 1943, p. 71.

– a isso chamavam de *descimento* – das aldeias próprias de seus povos para "aldeias" administradas pelos missionários. Nessas "aldeias" fabricadas – também chamadas de *missões* –, os indígenas passavam a habitar junto com outras etnias e era-lhes ensinada a prática da agricultura e de trabalhos manuais úteis aos empreendimentos dos colonizadores.

Os missionários se encarregavam também da educação dos indígenas. Ensinavam-lhes o português, os costumes europeus e faziam a catequese, preparando-os para receber o Batismo e, assim, ser integrados à nova sociedade que a colonização formava. O descimento dos indígenas garantia à empresa colonial a ocupação do território e a reserva de mão de obra, tão fundamentais naquele momento. Não é exagero dizer, portanto, que, sem o trabalho dos missionários, o empreendimento colonial português não teria o êxito – a seu modo de ver – que teve durante cerca de dois séculos na Amazônia.

Não podemos pensar, porém, que o aldeamento era um sistema harmônico sempre e em todo lugar. Tanto da parte dos indígenas quanto da parte dos missionários encontramos resistências que valem a pena ser destacadas. Padre Antônio Vieira, o responsável pela missão dos jesuítas no Maranhão e no Grão-Pará entre 1653 e 1661, foi um importante expoente na defesa da dignidade dos indígenas e no combate à sua escravização. Em carta ao rei D. João IV, de 1653, Padre Vieira diria a respeito dos indígenas, ditos livres:

> Mandam-nos servir violentamente a pessoas e em serviços a que não vão senão forçados, e morrem lá de puro sentimento; tiram as mulheres casadas das aldeias e põem-nas a servir em casas particulares, com grandes desserviços de Deus e queixas de seus maridos, que depois de semelhantes jornadas muitas

vezes se apartam delas; não lhes dão tempo para lavrarem e fazerem suas roças, com que eles, suas mulheres e filhos, padecem e perecem; enfim, em tudo são tratados como escravos, não tendo a liberdade mais que no nome.[59]

Por se colocar a favor de melhores condições de vida para os indígenas, Padre Vieira e outros jesuítas encontravam resistência junto aos colonos. Suas visões em relação à política de aldeamento eram distintas e, por vezes, contraditórias, como diria o historiador Lúcio de Azevedo: "O chefe temporal fazia escravos, o religioso buscava neófitos; àquele convinha a violência, este somente de brandura podia usar".[60] Muito embora tenha sido grande e profético o esforço de Padre Vieira, outra visão ganharia a disputa, e, a partir de 1686, com o *Regimento das Missões*, a posição dos jesuítas mudaria oficialmente do combate para o favorecimento do cativeiro indígena.

A forma que o indígena encontrava de resistir era, sobretudo, pela fuga. Conhecedores do território, eles organizavam fugas em massa para retornar às aldeias de onde tinham sido "descidos". Esse movimento de resistência levaria diversos povos indígenas a migrar continente adentro, em um processo de *sertanização* (interiorização) de suas ocupações. Povos que antes habitavam próximo ao litoral e às margens dos grandes rios passam a buscar terras mais remotas para não ser encontrados pelos colonizadores.

Ao lançar um olhar mais crítico sobre a ação dos missionários em terras amazônicas, percebemos que a catequese é entendida, naquele contexto, de uma forma distinta de como a

---

[59] VIEIRA, 1925, p. 74.
[60] AZEVEDO, 1930, p. 75.

concebemos hoje. Na primeira parte deste livro, conceituamos a catequese como um processo de educação na fé que deriva do anúncio querigmático e da livre adesão da pessoa que recebe o anúncio da comunidade. E, para não cair no perigo do anacronismo, que retira o fato histórico do seu tempo e lugar, precisamos ter clara essa distinção de entendimento, sem, contudo, deixar de notar as contradições próprias daquela época.

O princípio da livre adesão pessoal ao anúncio missionário, presente na Igreja dos primeiros séculos, é evidentemente substituído pelo paradigma missionário medieval do *compelle intrare* ("obriga-os a entrar"). Aqui faço um adendo para explicar melhor esse paradigma e qual a sua influência na catequese dos povos indígenas da Amazônia. Essa expressão latina tem origem em uma interpretação forçada e inadequada da perícope de Lucas 14,15-24, onde Jesus conta a parábola dos convidados indignos, na qual, depois de convidar pessoas para uma grande ceia e receber muitas desculpas, o dono da festa mandou chamar os pobres e aleijados. Tendo ainda lugar, ordenou aos seus servos que fossem pelas estradas e campos obrigando as pessoas a entrar (*compelle intrare*) na festa.

Segundo o historiador Jaques Le Goff, *compelle intrare* era a palavra de ordem em relação à conversão dos povos pagãos da Europa.[61] Naquele tempo e lugar, a Igreja se acostumou a converter não por adesão, mas por imposição. Em vez de um anúncio artesanal, lento, relacional, de pessoa a pessoa, a estratégia pastoral era converter os senhores do povo, os suseranos e os soberanos. Era bem simples: uma vez convertido o rei, seus súditos também estariam convertidos, pois a religião do

---

[61] LE GOFF, 2005, p. 141.

povo estava ligada diretamente à religião do senhor. Assim, a cristandade medieval europeia "era uma Cristandade convertida pelo alto e pela força",[62] em um movimento de explícita ou implícita violência. Sendo o reino de Portugal um dos mais fiéis herdeiros do paradigma medieval, a lógica do *compelle intrare* será, de modo próprio, continuada nas dependências da coroa, incluindo na Amazônia.

As opções dadas aos indígenas eram a de se tornar cristãos, por um processo de "civilização", ou fugir. A catequese era, assim, parte constitutiva do empreendimento de colonização e não havia a opção de "não ser" o que os colonizadores queriam que os indígenas fossem. Separar a catequese das forças colonizadoras não era algo possível para os missionários de então. Nem mesmo para aqueles que eram contra a escravidão indígena:

> Em 1655 tem lugar a primeira missão aos Tupinambá, então demorando à margem do Tocantins: mais de mil selvícolas são descidos nessa ocasião. Em 1657, missão ao rio Negro; em 1659, outra vez ao Tocantins. No mesmo ano, Vieira consegue reduzir as tribos do Marajó. O feito é extraordinário e quase milagroso. O que não tinha alcançado a força das armas, obtém-no a doçura do evangelizador.[63]

Ambas as frentes, o colono pela violência da arma e o missionário pela catequese, contribuíram para uma verdadeira *aculturação* dos povos indígenas da Amazônia. A lógica era a de que, para entrar na vida nova – a vida cristã –, era necessário que o indígena deixasse sua vida velha – a sua cultura – para

---

[62] LE GOFF, 2005, p. 142.
[63] AZEVEDO, 1930, p. 80.

aderir à cultura dos colonizadores, cultura essa pretensamente mais cristã. Daí que, quando batizados, os indígenas recebiam um novo nome, não mais na sua língua nativa, pois esta também deveria morrer. Por não conhecer e não buscar entender a forma de vida dos povos indígenas, os evangelizadores não lhes davam apenas o Evangelho, mas, antes de tudo, lhes imprimiam sua cultura. Isso é *aculturação*: a negação da cultura do outro.

Embora devamos reconhecer as virtudes de fé daqueles que evangelizaram as terras amazônicas, a própria fidelidade ao Evangelho nos pede para reconhecer também que a forma como se deu a transmissão da fé foi um contributo de primeiro nível para o extermínio dos povos indígenas. "O sangue correu em abundância e nunca saberemos ao certo o que aconteceu nas matas, nos furos, nos igarapés, nos canais do imenso rio que conserva o segredo de tantas abominações."[64] Os bispos da Amazônia reconheceram essa contradição durante o Sínodo de 2019:

> Frequentemente o anúncio de Cristo se realizou em conivência com os poderes que exploravam recursos e oprimiam as populações. No momento atual, a Igreja tem a oportunidade histórica de se diferenciar das novas potências colonizadoras, escutando os povos amazônicos para poder exercer com transparência sua atividade profética.[65]

É belo, no entanto, saber que o Reino de Deus germina e cresce mesmo em meio às contradições dos processos históricos que uniram a Igreja e o Estado. O Espírito age nas dobras da história e da vida dos que creem, gerando processos novos.

---

[64] HOORNAERT, 2024, p. 52-53.
[65] DF, n. 15.

Pensemos em quantos evangelizadores e evangelizadoras não conhecidos deram testemunho credível do Evangelho de Jesus na Amazônia, apesar das incoerências das políticas da coroa. Cabe, porém, a pergunta: poderia ter sido mais belo ou menos incoerente? Melhor ainda, podemos hoje, junto aos povos amazônicos, fazer um caminho catequético mais belo e menos incoerente?

A catequese em estilo colonial nos mostra que, mesmo com boas intensões, é possível se utilizar do anúncio da fé de modo a favorecer interesses que não correspondem ao Evangelho e que não edificam o Reino de Deus. A cruz não precisa da espada para adentrar os corações e as culturas. A época colonial passou, no entanto, ainda podemos perceber em nossas comunidades resquícios desse estilo de transmissão da fé que caminha pela via da imposição e não da proposição, da aculturação e não da inculturação. Nossos bispos reconhecem que há novas potências colonizadoras e que temos hoje a oportunidade histórica de fazer diferente.

Interpelações do Sínodo de 2019 para a Iniciação à Vida Cristã

Foi na contemplação das belezas e na escuta dos gritos da Amazônia que se realizou o processo do Sínodo 2019. Toda essa realidade que motiva e provoca diz respeito à vida, e o Sínodo se desenvolveu, justamente, "ao redor da *vida*: a vida do território amazônico e de seus povos, a vida da Igreja, a vida do planeta".[1] Somente lendo o Sínodo a partir da vida e a serviço da vida podemos recolher dele interpelações para a Iniciação à Vida Cristã. Analisaremos aqui o que falam os três principais documentos do Sínodo – *Instrumentum Laboris*, Documento Final e "Querida Amazônia" – sobre o primeiro anúncio/querigma, a catequese e a transmissão da fé.

Instrumentum Laboris

O *Instrumentum Laboris* foi o documento preparado a partir do prévio processo de escuta do Sínodo. Ele recolhe aquilo que veio das comunidades, as principais questões levantadas pelo povo de Deus que está na Amazônia. Esse documento serviu de base inicial para as discussões durante a Assembleia

---

[1] IL, n. 8.

Sinodal, em outubro de 2019. Já na introdução de sua primeira parte – "A voz da Amazônia" –, o documento fala de anúncio. Fazendo memória da colonização nas terras amazônicas, afirma que "o anúncio de Cristo se realizou frequentemente em conivência com os poderes que exploravam os recursos e oprimiam as populações".[2] Em contrapartida a esse fato, há a convicção de que "Jesus oferece uma vida em abundância (Jo 10,10), uma vida repleta de Deus, uma vida salvífica (*zōē*), que começa na criação e se manifesta já no mais elementar da vida (*bios*)".[3] Por isso, o texto convida a discernir o anúncio da Boa-Nova do Reino de Deus "à luz de Jesus Cristo, o Vivente (Ap 1,18), plenitude da revelação (DV, n. 2).[4]

Na terceira parte do documento – "Igreja profética na Amazônia: desafios e esperanças" –, afirma-se que "o anúncio de Jesus Cristo e a realização de um encontro profundo com ele, através da conversão e da vivência eclesial da fé, supõem uma Igreja hospitaleira e missionária que se encarna nas culturas".[5] Dessa forma, relaciona-se o anúncio à vida concreta da comunidade, que não pode dar a conhecer o Verbo Encarnado, se também ela não se encarnar na realidade cultural dos povos. Nesse número, pela primeira vez no texto, encontramos a palavra *querigma*, posta como centralidade da missão da Igreja e como tema desafiador de sua presença em âmbito amazônico. Em uma espécie de síntese da ação eclesial como um todo, o parágrafo 105 insere também na discussão a "catequese", chamada a se inspirar no paradigma de uma Igreja encarnada.

---

[2] IL, n. 6.
[3] IL, n. 11.
[4] IL, n. 11.
[5] IL, n. 105.

Ao falar da evangelização nas culturas, o documento torna a tratar do anúncio, reconhecendo que o Espírito criador que enche o universo alimentou a espiritualidade dos povos da Amazônia "ainda antes do anúncio do Evangelho, e é ele que os leva a aceitá-lo a partir de suas próprias culturas e tradições".[6] Tal afirmação destaca que o Espírito Santo é o verdadeiro artífice do anúncio da Boa-Nova e o garantidor da sua acolhida nos corações. Por isso, vai dizer o texto, "este anúncio deve ter em conta as 'sementes do Verbo' (AG, n. 11), aí presentes".[7] Em outras palavras, deve ser um anúncio que tenha como ponto de partida, ao mesmo tempo, o Evangelho e a cultura, o Evangelho desde a cultura e para a fecundação da cultura, não em detrimento da cultura.

Além do parágrafo 105, o *Instrumentum Laboris* voltará a falar da catequese em outros dois pontos: número 123c e número 129c2. No primeiro, ao oferecer sugestões para a evangelização das culturas, de modo especial no que se refere à narratividade, propõe-se "uma catequese que assuma a linguagem e o sentido das narrações das culturas indígena e afrodescendente, em sintonia com as narrações bíblicas".[8] Entende-se aqui o esforço por embeber as narrativas bíblicas de nova linguagem e sentido, a partir das culturas amazônidas. E no segundo ponto, quando se fala de sugestões para a organização das comunidades, inspirando-se na Igreja primitiva, e de modo especial do papel da mulher na Igreja, sugere-se que as mulheres assumam espaços cada vez mais amplos e relevantes também na catequese.[9] Nesse mesmo número, sem citar diretamente a catequese, mas para que aconteça a *transmissão*

---

[6] IL, n. 120.
[7] IL, n. 120.
[8] IL, n. 123c.
[9] IL, n. 129c2.

da fé, sugere-se "abrir novos canais de processos sinodais, com a participação de todos os fiéis, tendo em vista a organização da comunidade cristã",[10] mais uma vez colocando em direta relação a vida concreta da comunidade e o processo iniciático.

Documento Final

O Documento Final é o texto que, partindo do *Instrumentum Laboris*, recolhe todo o discernimento dos participantes da Assembleia Sinodal e o condensa em um mesmo volume, que foi aprovado parágrafo por parágrafo pelos padres sinodais, incluindo os bispos de todas as Igrejas particulares da Pan-Amazônia. Esse documento, em momento algum, usará a palavra *querigma*, mas falará de anúncio, como veremos adiante. A primeira vez em que o texto fala de anúncio é em uma citação direta, mas não acusada, do *Instrumentum Laboris* (n. 6) que o precede, afirmando que "frequentemente o anúncio de Cristo se realizou em conivência com os poderes que exploravam recursos e oprimiam as populações".[11]

Já no início do capítulo 2 – "Novos caminhos de conversão pastoral" –, os padres sinodais afirmam que "nossa conversão pastoral será samaritana, em diálogo, acompanhando pessoas com rostos concretos de indígenas, de camponeses, de afrodescendentes (quilombolas), de migrantes, de jovens e de habitantes das cidades".[12] Esse processo exigirá "uma espiritualidade de escuta e de anúncio".[13] Esse binômio escutar-anunciar surgirá novamente mais adiante, onde se diz que "a ação

---

[10] IL, n. 129b4.
[11] DF, n. 15.
[12] DF, n. 20.
[13] DF, n. 15.

pastoral se sustenta em uma espiritualidade baseada na escuta da Palavra de Deus e no grito do seu povo, para poder anunciar a Boa-Nova com espírito profético".[14] Escutando a Palavra e o povo será possível anunciar o Evangelho profeticamente na Amazônia. Assim, "descobrimos que as poderosas águas do Espírito, semelhantes às do rio Amazonas, que transbordam periodicamente, nos levam a essa vida em abundância que Deus nos oferece para partilhar no anúncio".[15]

No capítulo 3 – "Novos caminhos de conversão cultural" –, onde se aborda o paradigma de uma Igreja inculturada e intercultural, afirma-se que "nossa conversão deve ser também cultural, colocar-se no lugar do outro, aprender com o outro. Estar presentes, respeitar e reconhecer seus valores, viver e praticar a inculturação e a interculturalidade no anúncio da Boa Nova".[16] Tal anúncio, portanto, não pode ficar de fora dessa conversão cultural da qual fala o Sínodo, pois a fé "se encarna não só no trabalho pastoral, mas também em ações concretas para com o outro, nos cuidados de saúde, na educação, na solidariedade e no apoio aos mais vulneráveis".[17]

Ao refletir sobre os caminhos para uma Igreja inculturada, os padres sinodais dizem que "o missionário e agente pastoral, quando leva a palavra do Evangelho de Jesus, identifica-se com a cultura e concretiza o encontro a partir do qual o testemunho, o serviço, o anúncio e o aprendizado das línguas acontecem".[18] Em outras palavras, é o encontro do missionário com a cultura, sua identificação com a cultura que marcará

---

[14] DF, n. 38.
[15] DF, n. 38.
[16] DF, n. 41.
[17] DF, n. 41.
[18] DF, n. 54.

o anúncio do Evangelho na Amazônia. Isso é confirmado em seguida, quando o documento afirma: "Anunciar a Boa-Nova de Jesus implica reconhecer as sementes do Verbo já presentes nas culturas",[19] e, sendo assim, a evangelização que se propõe "para a Amazônia é o anúncio inculturado que gera processos de interculturalidade".[20]

No capítulo 5 – "Novos caminhos de conversão sinodal" –, o anúncio apresenta-se como constitutivo da missão da vida consagrada na Amazônia, "enviada a proclamar a Boa-Nova no acompanhamento junto aos povos indígenas, aos mais vulneráveis e aos mais distantes, a partir de um diálogo e anúncio que possibilitem um conhecimento profundo da espiritualidade".[21] Portanto, a comunidade eclesial não se deve contentar com a presença entre os povos amazônidas, mas também, no tempo oportuno, diante da sensibilidade, anunciar-lhes a Boa-Nova de Jesus Cristo.

O Documento Final também menciona, algumas vezes de forma direta, a catequese. No seu terceiro capítulo, irá dedicar um subtítulo, composto de dois parágrafos (52 e 53), à "experiência da fé expressa na piedade popular e na catequese". Esse ponto situa-se na reflexão acerca dos caminhos para uma Igreja inculturada. Após valorizar as expressões de piedade popular na Amazônia – peregrinações, procissões e festividades –, os padres sinodais dizem, citando diretamente o Documento de Aparecida, ser necessário "dar uma catequese apropriada e acompanhar a fé já presente na religiosidade popular".[22] E continuam: "Um caminho concreto poderia ser oferecer um processo de iniciação cristã [...] que nos leva a nos assemelhar

---

[19] DF, n. 55.
[20] DF, n. 55.
[21] DF, n. 97.
[22] DF, n. 53.

cada vez mais a Jesus Cristo, provoque a apropriação progressiva de suas atitudes".[23]

Essa é a única vez que encontramos o termo "iniciação cristã" nos três principais documentos do Sínodo da Amazônia, e, ainda assim, em uma citação direta de outro documento. Isso evidencia que o Sínodo para a Amazônia não chegou a compreender que não é possível uma evangelização inculturada nesse território sem um trabalho de inculturação dos processos de transmissão da fé. Ao mesmo tempo, atesta a ausência da compreensão de que – como trataremos no terceiro capítulo – somente uma Iniciação à Vida Cristã em estilo catecumenal inculturado conseguirá responder a esse desafio.

A segunda e última vez em que a catequese aparece no documento é no contexto da liturgia, apresentando a vida sacramental, sobretudo eucarística, como ponto de chegada e ponto de partida também da catequese.[24] Nesse mesmo capítulo, ao tratar da presença da mulher, o texto recorda que "é a mulher que trabalha em múltiplas facetas, na instrução das crianças, na transmissão da fé e do Evangelho",[25] e solicita que a voz das mulheres seja ouvida, que elas sejam consultadas e participem da tomada de decisões na comunidade eclesial.

"Querida Amazônia"

A Exortação Apostólica "Querida Amazônia", do Papa Francisco, é o documento que coroa e, ao mesmo tempo, abre a recepção da Assembleia Sinodal de 2019 na Igreja. Ela está

---

[23] DF, n. 53.
[24] DF, n. 110.
[25] DF, n. 101.

organizada em quatro capítulos, que correspondem aos quatro sonhos do papa para a Amazônia: o sonho social, o sonho cultural, o sonho ecológico e o sonho eclesial, todos profundamente relacionados entre si. Francisco sintetiza os quatro sonhos da seguinte forma:

> Sonho com uma Amazônia que lute pelos direitos dos mais pobres, dos povos nativos, dos últimos, de modo que a sua voz seja escutada e que sua dignidade seja promovida. Sonho com uma Amazônia que preserve a riqueza cultural que a caracteriza e na qual brilha de maneira tão variada a beleza humana. Sonho com uma Amazônia que guarde zelosamente a sedutora beleza natural que a adorna, a vida transbordante que enche os seus rios e as suas florestas. Sonho com comunidades cristãs capazes de se devotar e de se encarnar na Amazônia, a tal ponto que deem à Igreja rostos novos com traços amazônicos.[26]

Embora não fale em Iniciação à Vida Cristã, catequese ou transmissão da fé, a "Querida Amazônia", dos três documentos, é a que melhor trabalha o tema do *querigma* ou primeiro anúncio. No seu quarto capítulo – "Um sonho eclesial" –, o papa afirma que "a Igreja é chamada a caminhar com os povos da Amazônia",[27] em uma harmonia pluriforme. Nesse contexto, ele vai dizer que, "para tornar possível essa encarnação da Igreja e do Evangelho, deve ressoar incessantemente o grande anúncio missionário".[28]

O primeiro subtítulo desse capítulo será dedicado a esse "anúncio indispensável na Amazônia" (n. 62-65). Recordando a

---

[26] QA, n. 7.
[27] QA, n. 61.
[28] QA, n. 61.

expressão paulina "ai de mim, se eu não anuncio o Evangelho!" (1Cor 9,16), Francisco dirá que seria triste se os pobres e abandonados "recebessem de nós um código de doutrinas ou um imperativo moral, mas não o grande anúncio salvífico, aquele grito missionário que visa o coração e dá sentido a todo o resto".[29] E completa: "Eles têm direito ao anúncio do Evangelho, sobretudo àquele primeiro anúncio que se chama querigma".[30]

Dessa forma, Francisco põe o anúncio querigmático como tarefa primeira e fundamental da missão da Igreja na Amazônia, pois, "sem esse anúncio apaixonado, cada estrutura eclesial transformar-se-á em mais uma ONG e, assim, não responderemos ao pedido de Jesus Cristo: 'Ide pelo mundo inteiro, proclamai o Evangelho a toda criatura' (Mc 16,15)".[31] O texto diz também que "qualquer proposta de amadurecimento na vida cristã precisa ter esse anúncio como eixo permanente".[32] Nesse número, Francisco recorda grandes evangelizadores da América Latina, como São Turíbio de Mongrovejo e São José de Anchieta, para lembrar que querigma e caridade fraterna andam sempre juntos. A questão decisiva, portanto, não é se deve ou não haver o anúncio querigmático na Amazônia, pois os documentos evidenciam que deve, mas sim como precisa ser esse anúncio e o processo de transmissão da fé que dele deriva nesse território. Por isso, logo adiante Francisco ilustra que a Igreja

> não para de moldar a sua própria identidade na escuta e diálogo com as pessoas, realidades e histórias do território. Dessa forma, será possível desenvolver, cada vez mais, um processo

---

[29] QA, n. 63.
[30] QA, n. 64.
[31] QA, n. 64.
[32] QA, n. 65.

necessário de inculturação, que nada despreza do bem que já existe nas culturas amazônicas, mas recebe-o e leva-o à plenitude à luz do Evangelho.[33]

É a relação intercultural que irá permitir e incentivar que o anúncio do Evangelho inexaurível seja comunicado com categorias próprias da cultura onde é anunciado e provoque uma nova síntese com essa cultura.[34] Dessa forma, até mesmo no campo urbano, a Igreja poderá ser veículo capaz de contribuir através da recuperação cultural autóctone em "uma válida síntese com o anúncio do Evangelho".[35] E, como modelo concreto de uma organização comunitária que favorece esse diálogo intercultural, Francisco traz as comunidades de base, que "sempre souberam integrar a defesa dos direitos sociais com o anúncio missionário e a espiritualidade" e "foram verdadeiras experiências de sinodalidade no caminho evangelizador da Igreja na Amazônia".[36]

Em síntese, os três principais documentos do Sínodo da Amazônia algumas vezes tratam de anúncio do Evangelho, de transmissão da fé e de catequese, mas em nenhum momento falam diretamente da Iniciação à Vida Cristã enquanto processo efetivo de formação de novos cristãos. O *Instrumentum Laboris* não soube organizar metodologicamente propostas de formação inicial e permanente da fé cristã no território amazônico advindas das escutas às bases. O Documento Final, elaborado em um período de menos de trinta dias em uma intensa rotina de trabalho das equipes, mostra-se o mais deficiente

---

[33] QA, n. 66.
[34] QA, n. 68.
[35] QA, n. 72.
[36] QA, n. 96.

nesse campo. Por sua vez, a exortação "Querida Amazônia" não objetivava descer aos aspectos organizacionais da atividade pastoral, mas sim oferecer uma síntese das reflexões do Papa Francisco. Será apenas em junho de 2022, com o novo Encontro de Santarém, que a Igreja na Amazônia voltará mais efetivamente sua atenção para a potência pastoral da Iniciação à Vida Cristã no processo de evangelização inculturada.

Documento de Santarém (2022)

No caminho do Sínodo para a Amazônia – entendido como ponto de partida –, encontra-se o IV Encontro da Igreja Católica na Amazônia Legal, com suas conclusões: Documento de Santarém (2022). Esse encontro, realizado de 6 a 9 de junho de 2022 em Santarém-PA, celebrou os 50 anos do IV Encontro Pastoral da Amazônia (1972), marco da colegialidade e sinodalidade da Igreja nessa biorregião, pois, à luz do Concílio Vaticano II (1962-1965) e da Conferência de Medellín (1968), definiu "Linhas Prioritárias da Pastoral na Amazônia". Como Medellín marcou a recepção do Vaticano II na América-Latina, o Encontro de Santarém (1972) marcou a recepção conciliar na Igreja da Amazônia.

Nesse encontro de 1972, estiveram presentes os arcebispos e bispos de toda a Amazônia Legal, que discerniram conjuntamente diretrizes comuns para a ação pastoral da Igreja:

> Atendendo a essa realidade amazônica, com a nova consciência e a atitude da Igreja universal, a partir do Vaticano II, e em particular da Igreja latino-americana, a partir de Medellín, e recolhendo a experiência e os anseios das bases [...] a Igreja da Amazônia opta por quatro prioridades e por quatro séries de

serviços pastorais, à luz destas duas diretrizes básicas: Encarnação na realidade e Evangelização libertadora.[37]

As quatro prioridades assumidas no Encontro de Santarém (1972) foram: Formação de Agentes de Pastoral – incluindo os presbíteros –, Comunidades Cristãs de Base, a Pastoral Indígena e as Estradas e Outras Frentes Pioneiras. Pouco tempo depois, em Manaus (1974), foi acrescentada a prioridade da juventude. O que os bispos em 1972 chamaram de "diretrizes básicas", podemos interpretar como sendo o *espírito* do Encontro e do Documento de Santarém. Segundo o Papa Francisco, "quando se diz que uma realidade tem 'espírito', indica-se habitualmente uma moção interior que impele, motiva, encoraja e dá sentido à ação pessoal e comunitária".[38] De fato, todas as prioridades e séries de serviços assumidas no Documento estão embebidas do *espírito* da "encarnação na realidade" e da "evangelização libertadora", e esse *espírito* permaneceu vivo na trajetória da Igreja nessa região, encontrando forte eco nas conclusões do Sínodo para a Amazônia.

A encarnação na realidade – afirmavam os bispos em Santarém – "estimula o renovado propósito de superar todo paternalismo, todo etnocentrismo [...], todo modelo importado, pré-fabricado ou artificial de vida, fomentando uma decidida criatividade cultural".[39] Sobre isso, meio século depois, o Papa Francisco, na "Querida Amazônia", vem somar dizendo: "Sonho com comunidades cristãs capazes de se devotar e de se encarnar na Amazônia, a tal ponto que deem à Igreja rostos novos com

---

[37] DStrm, n. 3.
[38] EG, n. 261.
[39] DStrm, n. 4b.

traços amazônicos".⁴⁰ Por evangelização libertadora, os bispos em Santarém entendiam uma "evangelização sem dicotomias, isto é, abrangendo harmonicamente o homem todo e todos os homens, o indivíduo e a sociedade".⁴¹ A esse respeito, o Sínodo faz eco no Documento Final, afirmando que "a Igreja promove a salvação integral da pessoa humana",⁴² e a "Querida Amazônia" insiste que "a autêntica opção pelos mais pobres e abandonados, ao mesmo tempo que nos impele a libertá-los da miséria material e defender os seus direitos, implica propor-lhes a amizade com o Senhor que os promove e dignifica".⁴³

Figura 4 – Encontros de Santarém – 1972 e 2022. Fotos: REPAM Brasil.

---

⁴⁰ QA, n. 7.
⁴¹ DStrm, n. 5a.
⁴² DF, n. 48.
⁴³ QA, n. 63.

A principal diferença entre o encontro de 1972 e o de 2022 foi quanto à representatividade dos participantes (Figura 4). Em 1972, o encontro foi *episcopal*, apenas de bispos e secretários dos regionais da CNBB na Amazônia. Já em 2022 foi um encontro *eclesial*, ou seja, com a presença dos bispos, mas também de presbíteros, diáconos, leigos e leigas, religiosos e religiosas das diversas igrejas locais e organismos pastorais do território amazônico. Foram 111 participantes, e todos votaram e aprovaram as suas conclusões.

Esse fato evidencia como a recepção criativa do Sínodo de 2019 se situa na nova primavera sinodal da Igreja. No mesmo cenário encontramos a criação da Conferência Eclesial da Amazônia – CEAMA (2020), que, nas palavras de Dom Cláudio Hummes, "se denomina 'eclesial' e não 'episcopal', porque dela participam não apenas bispos, mas também outras pessoas, inclusive leigos, mulheres, indígenas".[44] E ainda a Primeira Assembleia Eclesial Latino-Americana, que foi realizada, em novembro de 2021, na Cidade do México. Essa experiência inédita, em nível continental, nasceu como proposta de uma VI Conferência Geral do Episcopado, mas, por uma intervenção do Papa Francisco, tornou-se eclesial, onde todo o povo de Deus pôde participar e se expressar e não apenas os bispos.[45]

O novo Documento de Santarém (2022), em caráter sinodal, reassume as diretrizes básicas de 1972: encarnação na realidade e evangelização libertadora, e atualiza as suas linhas prioritárias, que são agora cinco:

1) O fortalecimento das comunidades eclesiais de base;
2) A formação dos discípulos missionários na Amazônia;

---

[44] HUMMES, 2020.
[45] CELAM, 2022, n. 1.

3) A defesa da vida dos povos da Amazônia;
4) O cuidado com a casa comum; e
5) A evangelização das juventudes.

Na segunda linha prioritária, que trata da formação dos discípulos missionários na Amazônia, encontramos de forma clara, em seu primeiro tópico, a Iniciação à Vida Cristã:

> É necessário superar uma compreensão fragmentada da formação dos batizados e batizadas na Amazônia somente a partir da formação permanente ou específica para ministérios, carismas e serviços. É preciso compreendê-la, sim, desde a Iniciação à Vida Cristã.[46]

A partir dessa necessidade, assumiu-se o compromisso de

> investir na formação de discípulos(as) missionários(as) amazônidas, em um processo que compreenda desde a Iniciação à Vida Cristã inculturada até a formação inicial e permanente das lideranças leigas, da vida religiosa consagrada, sobretudo feminina, e dos padres autóctones e daqueles vindos de igrejas irmãs ou missionários de fora da Amazônia, de outros países.[47]

Dessa forma, no Documento de Santarém (2022), encontramos um amadurecimento da reflexão feita no Sínodo da Amazônia, no que tange à formação de discípulos missionários de Jesus Cristo nesse território, e uma maior clareza da progressão desse processo. Tal processo tem fases aqui bem discriminadas: Iniciação à Vida Cristã, formação inicial de lideranças (leigos, religiosas, presbíteros etc.) e formação permanente.

---

[46] DStm, n. 49.
[47] DStm, n. 49.

Para uma Igreja de rosto amazônico, não é suficiente que a formação permanente seja inculturada, nem mesmo a formação específica para ministérios, funções e carismas na comunidade. É necessário, sim, que a inculturação aconteça desde a mais fundamental formação de todos os cristãos, que é a Iniciação à Vida Cristã, compreendida como um caminho que envolve e supera a catequese, que envolve e supera a recepção dos sacramentos.

O Encontro de Santarém (2022), que celebra e faz memória, se insere, portanto, em uma caminhada que lhe precede e na recepção criativa do Sínodo da Amazônia; um elo de continuidade da renovação conciliar e do mandato missionário de Jesus. É interessante destacar os termos utilizados pelo documento: "Discípulos missionários amazônidas" e "Iniciação à Vida Cristã inculturada". Estas expressões estão em profunda relação com os documentos do Sínodo 2019 e, ao mesmo tempo, conseguem ir além deles. Por tudo isso, percebemos que as conclusões do Sínodo não estão fechadas em si mesmas, mas abertas e desencadeando novos processos de renovação eclesial que esclareçam ainda mais quais os caminhos concretos que as Igrejas particulares desse território são chamadas a percorrer, que sujeitos participam dessa renovação e que métodos e conteúdos são fundamentais.

PARTE III

Novos caminhos para a Iniciação à Vida Cristã na Amazônia

Tendo conceituado a Iniciação à Vida Cristã dentro do processo de evangelização como via de inculturação da fé e colhido as interpelações do Sínodo da Amazônia, nesta terceira parte identificamos novos caminhos claros e acessíveis para essa Iniciação no contexto amazônico. Considerando o fato de que o Sínodo não cita diretamente o termo "Iniciação à Vida Crista", partimos das suas provocações para a evangelização como um todo, pois falar de evangelização é sempre falar também de iniciação. Como já foi dito anteriormente, a Amazônia não é um território homogêneo, mas uma tessitura plural onde convivem comunidades indígenas de diversas etnias, quilombolas, ribeirinhos, habitantes das florestas e de grandes centros urbanos. Entendemos, então, que o termo que melhor define "a Amazônia" é "amazônias", e, nessas amazônias tão plurais, é preciso ter cuidado para não cair na tentação de querer definir uma *receita comum* que se aplique em todos os contextos.

Não é pretensão deste livro definir algo nesse sentido, mas sim oferecer indicações gerais para os processos iniciáticos desenvolvidos pelas Igrejas locais que estão nesse bioma e, ao mesmo tempo, contribuir para o debate no campo da teologia pastoral. Farei isso considerando as definições do Encontro de Santarém (2022), que, no caminho de recepção criativa do Sínodo Amazônico, assumiu a necessidade de formar discípulos missionários amazônidas através de uma Iniciação à Vida Cristã inculturada, de acordo com os princípios da *encarnação na realidade* e da *evangelização libertadora*.

Iniciação à Vida Cristã inculturada e encarnação na realidade

O princípio da *encarnação na realidade* é entendido pelo Encontro de Santarém (2022) como "uma superação de modelos de evangelização importados e um permanente testemunho realista, corajoso e repleto de esperança, fundado exclusivamente no Evangelho".[1] As conclusões do Encontro reconhecem também que "a encarnação não pode acontecer sem que os povos amazônidas, acompanhados por seus agentes e pastores, sejam os protagonistas", pois a encarnação "tornou-se também e primeiramente um processo de escuta!".[2] Diante da lógica de um projeto neoliberal que se vai encarnando na Amazônia com base em uma teologia da prosperidade, a Igreja Católica reitera que cabe a si estar enraizadamente presente junto ao povo, alimentando a esperança.[3]

Na linha do princípio da *encarnação na realidade*, os padres sinodais proclamaram solenemente no Documento Final: "Rejeitamos uma evangelização ao estilo colonial",[4] como bem vimos anteriormente. Esta afirmação é de fundamental importância, pois na Amazônia "frequentemente o anúncio de Cristo

---

[1] DStm, n. 5.
[2] DStm, n. 7.
[3] DStm, n. 9.
[4] DF, n. 55.

se realizou em conivência com os poderes que exploravam recursos e oprimiam as populações".[5] O Sínodo reconhece, ainda, que, "no momento atual, a Igreja tem a oportunidade histórica de se diferenciar das novas potências colonizadoras".[6] Isso significa que aquela evangelização imposta de fora e violentamente – que por vezes foi realizada e que, em alguns lugares, é possível que ainda esteja sendo – fica para trás. Contrariamente ao estilo colonial, a evangelização que a Igreja propõe hoje "é o anúncio inculturado que gera processos de interculturalidade, que promovem a vida da Igreja com identidade e rosto amazônicos".[7] Vamos compreender melhor estes dois conceitos que o Sínodo trabalha: *inculturação* e *interculturalidade*.

Entendendo a evangelização inculturada

As conclusões do Sínodo para a Amazônia dedicam especial atenção à inculturação, pois reconhecem que "Cristo, com a encarnação, deixou sua prerrogativa divina e tornou-se homem em uma cultura concreta para se identificar com toda a humanidade".[8] E, por isso, definem a inculturação como a encarnação do Evangelho nas culturas autóctones e, ao mesmo tempo, a introdução dessas culturas na vida da Igreja.[9] O teólogo França Miranda defende que "Igreja e inculturação da fé são realidades profundamente imbricadas uma na outra. Onde existe uma, aí está necessariamente a outra".[10]

---

[5] DF, n. 15.
[6] DF, n. 15.
[7] DF, n. 55.
[8] DF, n. 51.
[9] DF, n. 51.
[10] MIRANDA, 2001, p. 334.

O Papa Francisco, por sua vez, afirma que "tudo o que a Igreja oferece deve encarnar-se de maneira original em cada lugar do mundo, para que a Esposa de Cristo adquira rostos multiformes que manifestem melhor a riqueza inesgotável da graça".[11] Logo, a inculturação nasce da fé no mistério da encarnação de Cristo, a partir da qual a comunidade dos seus discípulos missionários é chamada a encarnar também a sua pregação, a sua espiritualidade e as suas estruturas.[12]

A teologia católica considera que o Evangelho só nos chega no interior de uma determinada cultura, sem, com isso, entender a cultura como algo descartável para a fé e a fé como uma realidade desencarnada.[13] Já o Antigo Testamento atesta o fato histórico da inculturação: para manifestar seu desígnio salvífico, sua pessoa e seu mistério, Deus não se serve apenas da história do povo de Israel, mas também das culturas que gestaram o contexto vital desse povo.[14] Entende-se, portanto, que "nas tradições culturais dos povos está implantada a Divina Verdade, só que não é plenamente conhecida",[15] daí a necessidade de a Igreja conceber as culturas como *lugar teológico*, como "locais da fala de Deus, de perscrutar os 'sinais dos tempos' que nelas afloram e de reconhecer nelas os subsídios para uma compreensão mais plena da verdade que é Jesus Cristo".[16]

O teólogo Brighenti (1998) explana o conceito de inculturação a partir do próprio termo:

---

[11] QA, n. 6.
[12] QA, n. 6.
[13] MIRANDA, 2000a, p. 25.
[14] MIRANDA, 2000a, p. 26.
[15] MIRANDA, 2000a, p. 36.
[16] MIRANDA, 2000a, p. 37.

Composição de uma raiz central "cultural", ladeada por um prefixo e um sufixo. O prefixo "in" assinala um movimento de fora para dentro, mas na perspectiva do mistério da Encarnação [...]. O sufixo "ção" indica um processo ou uma tarefa pastoral, ou seja, a missão de transfigurar as culturas pelo mistério de Cristo, plenitude de todo homem.[17]

Esse modelo de concepção da inculturação à luz da encarnação nos diz ainda que, no processo de evangelização, "o que vai ser inculturado nunca é a Palavra transcendente de Deus, mas uma fé já inculturada"[18] em determinada cultura histórica daquele que evangeliza.

Além desse, há também o modelo de compreensão da inculturação à luz do Mistério Pascal, sobre o qual nos fala o teólogo jesuíta França Miranda:

> O processo de inculturação implica, assim, um morrer e um ressuscitar que não destrói a cultura, mas a aperfeiçoa [...]. A ação de Cristo ressuscitado se dá através de seu Espírito, de modo que o acontecimento de *Pentecostes* é também evocado: todos ouviam a Palavra de Deus em suas respectivas línguas (culturas). O Espírito, por sua vez, atua nas culturas, abrindo-as para os valores evangélicos.[19]

Esses dois modelos mostram que "a inculturação da fé caminha sempre lado a lado com a evangelização da cultura" e que "este fato implica, por conseguinte, um aperfeiçoamento da cultura e um enriquecimento da fé".[20] Precisamente aqui

---

[17] BRIGHENTI, 1998, p. 33-34.
[18] MIRANDA, 2000a, p. 27.
[19] MIRANDA, 2000a, p. 27-28.
[20] MIRANDA, 2000a, p. 28.

chegamos ao segundo conceito, o da *interculturalidade*, que o Papa Francisco define de forma clara na "Querida Amazônia":

> Implica um duplo movimento: por um lado, uma dinâmica de fecundação que permite expressar o Evangelho num lugar concreto [...]; por outro, a própria Igreja vive um caminho de recepção, que a enriquece com aquilo que o Espírito já tinha misteriosamente semeado naquela cultura. Assim, "o Espírito Santo embeleza a Igreja, mostrando-lhe novos aspectos da Revelação e presenteando-a com um novo rosto". Trata-se, em última instância, de permitir e incentivar que o anúncio do Evangelho inexaurível, comunicado "com categorias próprias da cultura onde é anunciado, provoque uma nova síntese com essa cultura".[21]

Logo, a *inculturação* supõe a *interculturalidade* e a *interculturalidade* exige a *inculturação*. Sem a *interculturalidade*, a *inculturação* torna-se uma via de mão única, que não estabelece relação e não propõe a beleza do Evangelho aos povos. E a *interculturalidade*, sem *inculturação*, corre o risco de se tornar alienação ou até *aculturação*, perpetuando a lógica da evangelização imposta. Ambos os conceitos, juntos, garantem que o Evangelho, ao ser anunciado, não seja utilizado como cunha nas mãos de quem evangeliza, de modo a talhar bruscamente suas verdades na cultura do outro.

O processo da inculturação e da interculturalidade carrega consigo o risco e a necessidade do *sincretismo*. Para além dos preconceitos para com o termo, o sincretismo é compreendido como "uma etapa prévia à inculturação da fé [...] com a preocupação de salvaguardar a identidade cristã em meio às

---

[21] QA, n. 68.

incorporações de elementos alheios, acontecidas durante o processo".²² Para que essa relação seja sadia, é preciso considerar "não só o esforço missionário de tornar a fé cristã entendida, aceita e vivida em outra cultura/religião, mas também a resistência dos povos nativos em conservar no cristianismo ao menos parte de seu universo simbólico cultural/religioso (símbolos, categorias e valores)".²³

Nenhuma cultura – nem a ocidental cristã – pode fechar a totalidade do Mistério de Deus em si mesma. Em sua exortação *Evangelii Gaudium*, o Papa Francisco já alertava para isso ao dizer: "O cristianismo não dispõe de um único modelo cultural"²⁴ e, sendo assim, "não faria justiça à lógica da encarnação pensar em um cristianismo monocultural e monocórdico".²⁵ No entanto, há sempre um risco latente, recorda Francisco na *Querida Amazônia*: "O risco dos evangelizadores que chegam a um lugar é julgar que devem não só comunicar o Evangelho, mas também a cultura em que cresceram".²⁶

As conclusões sinodais deixam claro que, "para tornar possível esta encarnação da Igreja e do Evangelho, deve *ressoar incessantemente o grande anúncio missionário*".²⁷ Em outras palavras, a Igreja de rosto amazônico é Igreja querigmática e em saída, que não renuncia de modo algum a dar a conhecer Jesus Cristo e o Reino, pois "eles têm direito ao anúncio do Evangelho".²⁸ O papa afirma que não podemos contentar-nos

---

[22] MIRANDA, 2000b, p. 281.
[23] MIRANDA, 2000b, p. 279.
[24] EG, n. 116.
[25] EG, n. 117.
[26] QA, n. 69.
[27] QA, n. 61.
[28] QA, n. 64.

com uma mensagem social aos povos da Amazônia, pois, "se dermos a vida por eles, pela justiça e a dignidade que merecem, não podemos ocultar-lhes que o fazemos porque reconhecemos Cristo neles e porque descobrimos a imensa dignidade a eles concedida por Deus Pai que os ama infinitamente".[29] O anúncio do *querigma*, expresso em diversas modalidades, precisa ressoar constantemente na Amazônia,[30] e qualquer proposta de amadurecimento na vida cristã, incluindo a catequese, precisa ter esse anúncio como eixo permanente.[31]

O anúncio do querigma gera a caridade fraterna. Daí o convite do papa para que a inculturação do Evangelho na Amazônia integre melhor a dimensão social com a espiritual, "para que os mais pobres não tenham necessidade de ir buscar fora da Igreja uma espiritualidade que dê resposta aos anseios da sua dimensão transcendente".[32] Isso exige uma presença eclesial que não se deixe levar aos extremos: "Não se trata de uma religiosidade alienante ou individualista que faça calar as exigências sociais de uma vida mais digna, mas também não se trata de mutilar a dimensão transcendente e espiritual como se bastasse ao ser humano o desenvolvimento material".[33]

O anúncio querigmático inculturado gera uma espiritualidade viva, como afirma o Papa Francisco: "Uma espiritualidade centrada no único Deus e Senhor, mas ao mesmo tempo capaz de entrar em contato com as necessidades diárias das pessoas que procuram uma vida digna, querem gozar as coisas belas da existência, encontrar a paz e a harmonia, resolver as crises

---

[29] QA, n. 63.
[30] QA, n. 64.
[31] QA, n. 65.
[32] QA, n. 76.
[33] QA, n. 76.

familiares, curar as suas doenças, ver os seus filhos crescerem felizes".[34] Trata-se de uma espiritualidade do cotidiano. "Hoje é indispensável mostrar que a santidade não priva as pessoas de 'forças, vida e alegria' (GeE, n. 32)".[35] Assim,

poderão nascer testemunhos de santidade com rosto amazônico, que não sejam cópias de modelos de outros lugares, santidade feita de encontro e dedicação, de contemplação e serviço, de solidão acolhedora e vida comum, de jubilosa sobriedade e luta pela justiça. Chega-se a essa santidade "cada um por seu caminho" (LG, n. 11; cf. EG, n. 10-11), e isso se aplica também aos povos nos quais a graça se encarna e brilha com traços distintivos. Imaginemos uma santidade com traços amazônicos, chamada a interpelar a Igreja universal.[36]

Não deve ser meta da evangelização, portanto, formar na Amazônia cristãos que sejam cópias de outros lugares. Nem mesmo dentro da Amazônia, com sua diversidade de povos, deverá haver santidades como cópias umas das outras. Deus chama à santidade cada povo por seu caminho, a partir da própria cultura, própria cosmovisão. Mais que propor caminhos espirituais aos povos da Amazônia, é preciso despertar neles a santa criatividade, para que sigam pelo próprio caminho, o caminho que brota do encontro de cada povo com o Evangelho vivo que se faz cultura na sua cultura.

---

[34] QA, n. 80.
[35] QA, n. 80.
[36] QA, n. 77.

Implicações para a Iniciação à Vida Cristã

Destas reflexões, recolhemos algumas implicações pastorais para a Iniciação à Vida Cristã. O Sínodo afirmou que o "rosto da Igreja na Amazônia é um rosto encarnado em seu território, que evangeliza e abre caminhos para que os povos se sintam acompanhados em diferentes processos de vida evangélica".[37] Organizaremos essas implicações, entendidas como caminhos abertos, em três níveis: *pessoal* (referente aos ministros da Iniciação à Vida Cristã), que pode ser trabalhada de imediato, a curto prazo; *metodológico*, que exige uma caminhada maior, em médio prazo; e *estrutural*, que, pela própria natureza, exige que seja trabalhada a longo prazo.

É preciso considerar a situação real das comunidades eclesiais amazônidas, onde os catequistas carregam praticamente sozinhos o processo de transmissão da fé. Essas mulheres e homens são pessoas de imensa boa vontade e espírito de doação. Muitas vezes, são elas e eles os responsáveis diretos pelas únicas ações pastorais das comunidades e por sua subsistência. Há comunidades ainda em que os catequistas são "itinerantes", não autóctones, mas moram em outros lugares e visitam toda semana ou todo mês um grupo de comunidades. É comum encontrar grupos de catequistas da matriz paroquial que descem às comunidades do interior, às vilas, às ilhas e às aldeias para *dar a catequese*.

Esses sujeitos são já ministros – no sentido fundamental da palavra: servidores – do processo iniciático e com eles já é possível um trabalho a curto prazo. Em nível pessoal, a partir da opção pela inculturação e pela encarnação na realidade,

---

[37] DF, n. 42.

cada um desses ministros é chamado a perceber as culturas locais como *lugar teológico*, de onde Deus lhes fala e se revela. Isso exige que o ministro:

- tenha o desejo de aprender antes de querer ensinar;
- reconheça a presença misteriosa do Espírito naqueles que são os seus interlocutores, lá onde eles se encontram, nas próprias experiências de vida.

Essas atitudes não são possíveis sem que haja certo desprendimento da própria cultura. O evangelizador não pode nem deve, evidentemente, renunciar a quem é, mas é convidado pelo processo de inculturação a deixar moldar a própria identidade na escuta e no diálogo com as pessoas, realidades e histórias do território.[38] É preciso uma comunicação que não tenha a pretensão de ser "de cima para baixo", em ordem hierárquica, como se a própria cultura fosse superior ou mais qualificada do que a cultura do outro.

De grande valor para os ministros da Iniciação será a atitude crítica diante de sua própria cultura. Toda cultura – também as da Amazônia – tem suas limitações, inclusive as culturas urbanas ocidentais. O Papa Francisco lembra que fatores como "o consumismo, o individualismo, a discriminação, a desigualdade e muitos outros constituem aspectos frágeis das culturas aparentemente mais evoluídas".[39] A relação fraterna com outras culturas ajuda a perceber as sombras da própria cultura.

Em nível metodológico, esse paradigma exige uma revisão da linguagem utilizada pelos catequistas, pois "a catequese assume criativamente as linguagens das culturas dos povos".[40]

---

[38] QA, n. 66.
[39] QA, n. 36.
[40] DpC, n. 206.

Podemos recolher das interpelações do Sínodo a valorização da *linguagem narrativa* e da *linguagem memorial* que estão intimamente relacionadas. Na Exortação Querida Amazônia, o papa insiste que, "para conseguir uma renovada inculturação do Evangelho na Amazônia, a Igreja precisa escutar a sua sabedoria ancestral", o que significa "voltar a dar voz aos idosos, reconhecer os valores presentes no estilo de vida das comunidades nativas, recuperar a tempo as preciosas narrações dos povos".[41] Eis onde se pode aprender essa linguagem: não nos livros e manuais, mas no cotidiano da vida dos povos das florestas e dos rios, dos povos da zona rural e da periferia urbana. O Papa Francisco afirma que:

> é possível receber, de alguma forma, um símbolo indígena sem o qualificar necessariamente como idolátrico. Um mito denso de sentido espiritual pode ser valorizado, sem continuar a considerá-lo um extravio pagão. Algumas festas religiosas contêm um significado sagrado e são espaços de reunião e fraternidade, embora se exija um lento processo de purificação e maturação. Um verdadeiro missionário procura descobrir as aspirações legítimas que passam através das manifestações religiosas, às vezes imperfeitas, parciais ou equivocadas, e tenta dar-lhes resposta a partir de uma espiritualidade inculturada.[42]

Não é necessário que o catequista, para dar a catequese, tenha de abandonar a sua linguagem de todos os dias a fim de aprender outra pretensamente mais eclesiástica. Essa prática tão simples da narrativa, do contar história, do sentar juntos para escutar os avós é escola de linguagem amazônica.

---

[41] QA, n. 70.
[42] QA, n. 79.

No mesmo documento, Francisco convida os jovens da Amazônia a assumir as suas raízes, pois das raízes virá a força para que possam crescer, florescer e frutificar,[43] e é a partir delas que podemos sentar à mesa comum.[44] Essas raízes são descobertas naquela conversa familiar, ao pé da porta, com sabor de macaxeira, de açaí, de água na cuia ou de um bom café. Para os que estão sendo iniciados e recebem o Batismo, essas raízes vão ainda mais fundo, lembra o papa, e chegam até a história de Israel e da Igreja, desse antigo povo de Deus que aos poucos o iniciando vai reconhecendo como seu povo.[45] "É preciso amar as raízes e cuidar delas",[46] exorta Francisco; por isso, é importante "deixar que os anciãos contem longas narrações" e que os jovens se detenham a beber dessa fonte.[47]

O ministro da catequese, portanto, mais que um mestre da fé que ensina, precisa ser um narrador familiar que partilha. Para adaptar o conteúdo a esse método, o ministro pode falar a seu modo a um ancião ou anciã da comunidade – por exemplo, de uma parábola ou um fato da história de Israel ou mesmo a respeito de um sacramento – e pedir que essa pessoa lhe reconte, dessa vez, a seu modo, a partir da sua linguagem e da sua experiência. Essa linguagem narrativa e memorial, da qual os anciãos amazônidas são os verdadeiros mestres, chega com maior facilidade e profundidade ao coração do amazônida; por isso, o anúncio e a catequese não podem abrir mão dela.

Falando dos mistérios da fé com a linguagem da vida, o catequista poderá oferecer aos iniciandos os meios para que eles

---

[43] QA, n. 33.
[44] QA, n. 37.
[45] QA, n. 33.
[46] QA, n. 33.
[47] QA, n. 34.

reinterpretem a própria cultura com um olhar transfigurado. Só assim a Iniciação à Vida Cristã poderá ser verdadeiramente inculturada: quando então o iniciando, pertencente àquela cultura local que acolhe livremente a fé, puder, ele próprio, fazer uma nova interpretação dessa fé à luz da sua cultura e uma nova interpretação da cultura à luz da sua fé. Dessa forma, estará sendo cultivado o broto de uma espiritualidade amazônica, da qual "poderão nascer testemunhos de santidade com rosto amazônico, que não sejam cópias de modelos de outros lugares".[48]

Para inspirar esse caminho, faz-se necessário dar a conhecer os santos ao pé da porta e as grandes testemunhas do Reino da América Latina e, de modo especial, da Amazônia, como: São José de Anchieta, Bartolomeu de las Casas, Dom Pedro Casaldáliga, Dom Helder Camara, Irmã Dorothy Stang, Beata Aguchita, dentre outros, que nos ensinaram "que a defesa dos povos originários deste continente está intrinsecamente ligada à fé em Jesus Cristo e em sua Boa-Nova".[49]

Essas mudanças metodológicas precisam ocorrer para que se desenvolvam reais mudanças estruturais no processo de transmissão da fé na Amazônia. Esse terceiro nível envolve a necessidade de formar ministros da Iniciação autóctones. Sem esse passo, não é possível realizar uma autêntica inculturação da fé. Com a Carta Apostólica *Antiquum Ministerium* (2021), o Papa Francisco reconheceu o antigo Ministério Laical do catequista. Como critério de escolha desses ministros, Francisco pede que sejam "homens e mulheres de fé profunda e maturidade humana, que tenham uma participação ativa

---

[48] QA, n. 77.
[49] DF, n. 75.

na vida da comunidade cristã, sejam capazes de acolhimento, generosidade e vida de comunhão fraterna", recebam a devida formação e tenham madura experiência prévia de catequese.[50] A essas exigências, podemos acrescentar, à luz do Sínodo, que sejam preferencialmente filhos do território onde irão exercer o ministério.

Nem todos os sujeitos da Iniciação precisam ser instituídos ministros, como afirma a CNBB (2022, n. 60-64). Há os que o são por reconhecimento ou por confiança. No entanto, todos precisam passar por um processo de formação integral, pois disso depende a eficácia de uma Iniciação à Vida Cristã inculturada. Essa formação integral envolve as dimensões bíblica, teológica, pastoral, pedagógica,[51] humana, social, cultural e ecológica. Para que seja efetiva, faz-se necessário que as Igrejas locais da Amazônia assumam verdadeiramente a responsabilidade de estruturar processos formativos que considerem a realidade cultural, geográfica e escolar dessas pessoas. A Amazônia exige itinerários formativos tão diversos quanto diversos são os seus povos, tanto para os ministros da Iniciação quanto para os iniciandos.

Daí outra mudança estrutural fundamental, que diz respeito aos itinerários e subsídios pastorais utilizados na transmissão da fé na Amazônia. São louváveis os subsídios que se empenham no processo de Iniciação à Vida Cristã de inspiração catecumenal, elaborados para todo o Brasil, porém não correspondem ao horizonte de uma Igreja encarnada na Amazônia. Isso se deve ao fato de que são materiais preparados longe da realidade desse imenso território. Se a elaboração de materiais

---

[50] AtM, n. 8.
[51] AtM, n. 8.

gerais para a Amazônia já esbarra na dificuldade da imensa diversidade cultural e geográfica da região, ainda mais dificuldade encontramos em querer assimilar materiais elaborados para serem utilizados no nível de país.

O Sínodo afirmou que "só uma Igreja missionária inserida e inculturada fará emergir Igrejas particulares autóctones, com rosto e coração amazônicos, enraizadas nas culturas e tradições próprias dos povos, unidas na mesma fé em Cristo e diferentes em seu modo de vivê-la, expressá-la e celebrá-la".[52] Daí colhemos a compreensão de que são as Igrejas locais as primeiras responsáveis pelo processo de inculturação do caminho de transmissão da fé. Sendo assim, são as Igrejas locais em seu nível mais específico (regional, provincial ou diocesano) que têm a responsabilidade de elaborar os itinerários iniciáticos e os subsídios que devem ser utilizados em seu território. Não basta apenas a elaboração de materiais para a Amazônia, mas também é urgente a elaboração de materiais da Amazônia.

---

[52] DF, n. 42.

Iniciação à Vida Cristã libertadora e ecologia integral

O Documento de Santarém (2022) traz como segundo princípio-base a *evangelização libertadora*. Segundo esse paradigma, "anúncio e conscientização sobre a dignidade da pessoa humana em sua condição de filho e filha de Deus constituem pressupostos indispensáveis para a libertação do homem e da mulher".[1] Nessa consciência, a Igreja na Amazônia declara: "Olhamos para frente, contemplando a beleza e a vitalidade dessa região, mas vigilantes diante das ameaças que se agravam".[2] Dentre essas ameaças está a grave crise socioambiental em andamento.

O Sínodo para a Amazônia assumiu o compromisso de uma conversão ecológica, em seu Documento Final, justamente para responder adequadamente à "crise socioambiental sem precedentes"[3] que estamos vivenciando. Os padres sinodais reconhecem que "os povos da Amazônia[4] e seu horizonte de *buen vivir* interpelam-nos à conversão ecológica individual e

---

[1] DStm, n. 10.
[2] DStm, n. 16.
[3] DF, n. 65.
[4] LS, n. 183.

comunitária que salvaguarda uma ecologia integral e um modelo de desenvolvimento em que os critérios comerciais não estejam acima do meio ambiente e dos direitos humanos".[5] Para compreender bem esta questão, faz-se necessário esclarecer os termos *casa comum* e *ecologia integral*.

Ecologia integral e cuidado da casa comum

Diante da galopante globalização e do recente flagelo da pandemia da Covid-19, hoje já não se pode negar que o planeta é a nossa *casa comum*. Os entendidos afirmam que estamos presenciando atualmente a sexta extinção em massa do planeta, ocasionada pela interferência do ser humano nas mudanças climáticas e nos ciclos vitais das cadeias biológicas. Isso é extremamente grave, pois, "no olhar da ciência, esta *casa comum*, apesar da singularidade da Terra em relação aos outros planetas, é um lugar único e plural, em que as diferentes formas de vida e inteligência estão inter-relacionadas e profundamente interconectadas".[6] Por envolver diretamente tudo o que vive e que não é vivo, todas as culturas e nações humanas, todas as religiões e espiritualidades, adotou-se o termo "casa comum" para se referir ao planeta Terra. Essa questão alcança um nível ainda mais profundo quando dialoga com a fé:

> De maneira particular, a tradição judaico-cristã fundamenta-se em um Deus Criador da *casa comum*, no qual todas as criaturas espelham o amor e a bondade divina, cabendo ao ser humano, criado à imagem e semelhança de Deus, a missão de cuidar e ad-

---

[5] DF, n. 73.
[6] SIQUEIRA, 2020, p. 18.

ministrar com responsabilidade desta grande casa planetária, não como dono e proprietário, mas como guardião deste patrimônio da criação. Assim, o tema da guardianidade passa a ter cada vez mais importância, sobretudo em um cenário de alterações e modificações que vêm desequilibrando as cadeias vitais e as inter-relações geobiológicas e climáticas da *casa comum* de todos nós.[7]

É belo contemplar como a fé cristã nos educa para a relação com a *casa comum* a qual pertencemos e onde nos relacionamos com o Pai e com os irmãos. "Dizer 'criação' é mais do que dizer natureza, porque tem a ver com um projeto do amor de Deus, onde cada criatura tem um valor e um significado."[8] Portanto, a *casa comum* é casa criada pelo Pai para tudo e para todos, pois a criação pertence à ordem do amor. Até a mais pequenina vida do ser mais insignificante participa dessa teia de amor e, naqueles poucos segundos de existência, Deus a envolve em seu carinho.[9]

No dia 20 de outubro de 2019, durante o Sínodo Amazônico, diversos participantes da Assembleia Sinodal, incluindo bispos e não bispos, reuniram-se na catacumba de Santa Domitila para assinar o que foi por eles chamado de *o Pacto das Catacumbas pela Casa Comum*. Eles se inspiraram no *Pacto por uma Igreja servidora e pobre*, que foi assinado por cerca de quarenta bispos três semanas antes do encerramento do Concílio Vaticano II e que "foi expressão pública da caminhada e dos compromissos do grupo da Igreja dos pobres, formado desde a primeira sessão do Vaticano II".[10]

---

[7] SIQUEIRA, 2020, p. 18.
[8] LS, n. 76.
[9] LS, n. 77.
[10] BEOZZO, 2015, p. 27.

Nesse Pacto das Catacumbas pela Casa Comum, os presentes se comprometeram pessoal e comunitariamente em:
1) defender a floresta amazônica em pé;
2) reconhecer-se como zelosos cuidadores da mãe terra por meio de uma ecologia integral;
3) acolher e renovar a cada dia a aliança de Deus com a criação;
4) renovar a opção pelos pobres, em especial, pelos povos originários, ajudando-os a preservar suas culturas;
5) abandonar a mentalidade e a postura colonialista;
6) denunciar todas as formas de violência aos povos originários e seus territórios;
7) anunciar a novidade libertadora do Evangelho de Cristo;
8) caminhar com outras igrejas cristãs, com religiões não cristãs e com pessoas de boa vontade;
9) instaurar nas Igrejas particulares um estilo de vida sinodal;
10) empenhar-se no reconhecimento dos ministérios eclesiais já existentes;
11) passar de uma pastoral de visita a uma pastoral de presença;
12) reconhecer o serviço das mulheres e buscar para elas um ministério adequado;
13) buscar novos caminhos pastorais nas cidades com o protagonismo de leigos e jovens;
14) assumir um estilo de vida sóbrio e solidário;
15) colocar-se ao lado dos que são perseguidos pelo profético serviço de denúncia e cultivar amizades verdadeiras com os pobres.[11]

Esse Pacto assumido *pela casa comum* imprime não apenas um novo modo de habitar o planeta – e em particular, a Amazônia –, mas também um novo modo de ser Igreja e de realizar

---

[11] PACTO DAS CATACUMBAS PELA CASA COMUM, 2019.

a missão evangelizadora neste território, compreendendo que a vida, dom de Deus, não possui muros, mas apenas camadas, e que vida espiritual, eclesial, social e cósmica são a mesma vida. Assim, notamos como o conceito de *casa comum* está diretamente relacionado ao de *ecologia integral*, pois na casa comum tudo está interligado.[12]

O Papa Francisco dedica o quarto capítulo de sua Encíclica *Laudato Si'* para tratar diretamente da *ecologia integral*: "Proponho que nos detenhamos agora a refletir sobre os diferentes elementos de uma *ecologia integral*, que inclua claramente as dimensões humanas e sociais".[13] Ao tratar dessas dimensões humanas e sociais, Francisco propõe a *ecologia integral* como a união destas cinco ecologias: ambiental; econômica; social; cultural; e humana da vida cotidiana. Nessa lógica, "a análise dos problemas ambientais é inseparável da análise dos contextos humanos, familiares, laborais, urbanos, e da relação de cada pessoa consigo mesma, que gera um modo específico de se relacionar com os outros e com o meio ambiente".[14]

O papa transforma paradigmas quando vê o ser humano como sendo natureza – ou melhor, sendo criação –, e não como algo à parte dela: "Estamos incluídos nela, somos parte dela e compenetramo-nos".[15] Essa mudança paradigmática permitirá a Francisco dizer que "não há duas crises separadas: uma ambiental e outra social; mas uma única e complexa crise socioambiental",[16] e para solucionar essa crise é necessário combater a pobreza, devolver a

---

[12] LS, n. 138.
[13] LS, n. 137.
[14] LS, n. 141.
[15] LS, n. 139.
[16] LS, n. 139.

dignidade aos excluídos e, simultaneamente, cuidar da natureza.[17] Não há mais espaço para a escolha entre ambiental e social, pois ambos estão emaranhados e o desenrolar de um exige o desenrolar do outro. O destino da humanidade é o destino do planeta, pois também a humanidade é planeta.[18] Exemplo disso são os desastres criminosos dos rompimentos das barragens de mineração ocorridos em Mariana (2015) e em Brumadinho (2019).

Ao tratar de ecologia cultural, o Papa Francisco faz tocar o tema da *ecologia integral* no tema da *inculturação*. Ele diz que "a ecologia envolve também o cuidado das riquezas culturais da humanidade, no seu sentido mais amplo. Pede que se preste atenção às culturas locais, fazendo dialogar a linguagem técnico-científica com a linguagem popular",[19] e ainda que é preciso assumir a perspectiva dos direitos dos povos e das culturas por um protagonismo dos povos locais.[20] Nessa lógica, o papa afirma que "o desaparecimento de uma cultura pode ser tanto ou mais grave do que o desaparecimento de uma espécie animal ou vegetal".[21]

Em 2022, os olhos do mundo voltaram-se para a Amazônia com a comovente notícia da morte do "índio do buraco". Tratava-se do indígena Tanaru, de Rondônia, o último de seu povo. Indigenistas contam que, em 1996, esse índio foi visto pela primeira vez por homens brancos. Segundo a Fundação Nacional do Índio (FUNAI), os últimos indígenas Tanaru foram mortos em 1995, restando apenas um único indivíduo que nunca quis contato com a pretensamente dita "civilização" que assassinou sua família.

---

[17] LS, n. 139.
[18] Cf. LS, n. 2.
[19] LS, n. 143.
[20] LS, n. 144.
[21] LS, n. 145.

Em agosto de 2022, esse indígena foi encontrado morto dentro da rede de dormir, em sua palhoça na densa floresta amazônica, paramentado como se soubesse que sua morte estava próxima. O apelido de "índio do buraco" lhe foi dado por ambientalistas pelo fato de sempre encontrarem um buraco cavado no chão dos tapiri que ele construía para morar por um tempo e depois deixava para trás. O "índio do buraco" se foi, levando consigo uma língua que nunca ninguém mais poderá aprender, uma cultura que somente ele vivia e todo um mundo que somente ele podia ver e conceber; se foi, levando consigo um pedaço da divina humanidade criada por Deus que jamais poderá ser recuperada.

Aprofundar essa questão da *ecologia integral* é fundamental em nossa reflexão sobre a Iniciação à Vida Cristã na Amazônia, porque sem esse paradigma não se pode compreender o Sínodo para a Amazônia e tampouco suas interpelações. Se perseverarmos em uma compreensão fragmentada da realidade e da vida, não poderá haver novos caminhos para a Iniciação à Vida Cristã. O Sínodo, como fruto da *Laudato Si'*, está embebido por esse paradigma e também fala diretamente sobre ele: "A ecologia integral, assim, conecta o exercício do cuidado da natureza com o da justiça pelos mais empobrecidos e desfavorecidos da terra, que são a opção preferida de Deus na história revelada".[22] Parte daí a correta compreensão do termo *bem-viver*, utilizado pelos povos originários da Amazônia:

> A busca dos povos indígenas amazônicos pela vida em abundância se concretiza no que eles chamam de "bem viver", e que se realiza plenamente nas Bem-Aventuranças. Trata-se de viver

---

[22] DF, n. 66.

em harmonia consigo mesmo, com a natureza, com os seres humanos e com o ser supremo, pois existe uma intercomunicação entre todo o cosmos, onde não há exclusão nem excluídos, e onde podemos criar um projeto de vida plena para todos.[23]

O Sínodo reconhece que são os povos originários da Amazônia que podem guiar a Igreja à vivência de uma verdadeira *ecologia integral*: "Sabem ser felizes com pouco, gozam dos pequenos dons de Deus sem acumular tantas coisas, não destroem sem necessidade, preservam os ecossistemas"[24] e reconhecem a terra como mãe que deve ser respeitada e cuidada. O Papa Francisco cunha com clareza que "tudo isto deve ser valorizado e recebido na evangelização".[25]

Implicações para a Iniciação à Vida Cristã

Colhemos agora as implicações concretas da opção por uma evangelização libertadora e pela ecologia integral na Iniciação à Vida Cristã. O Documento Final do Sínodo já reconhecia que "a crise socioambiental abre novas oportunidades para apresentar Cristo em todo o seu potencial libertador e humanizador".[26] Para isso, propõe desenvolver "programas de capacitação sobre o cuidado da 'casa comum', destinados a agentes pastorais e demais fiéis, abertos a toda a comunidade".[27] Se nem todos os católicos passam pelas formações específicas para lideranças pastorais, todos, no entanto, passam pelos

---

[23] DF, n. 9.
[24] QA, n. 71.
[25] QA, n. 71.
[26] DF, n. 15.
[27] DF, n. 70.

processos de transmissão da fé, que são chamados a assimilar essa provocação. A exposição que faço organiza-se em dois níveis: o pessoal, a curto prazo, e o metodológico, a médio prazo.

A curto prazo, os ministros e ministras da Iniciação, para experienciar o paradigma e o convite da ecologia integral, precisam assumir para si os compromissos pessoais do *Pacto das Catacumbas pela Casa Comum*. Consideramos que não há onde encontrar melhor síntese do que sejam as implicações concretas da ecologia integral. Acolhendo o Pacto como seu, os catequistas, quer autóctones, quer não, estarão, antes de tudo, vivendo uma *mística integral* que lhes impulsiona no sentido do cuidado e da defesa da criação, da fraternidade com os pobres e com os povos originários, de forma ecumênica e sinodal.

No nível metodológico, mais especificamente no que diz respeito ao conteúdo do anúncio e da catequese, será preciso (re)descobrir a dimensão socioambiental como constitutiva da fé cristã, pois o Sínodo afirma que "hoje devemos formar agentes de pastoral e ministros ordenados com sensibilidade socioambiental".[28] Isso exige superar todas as divisões na compreensão da vida para passar a uma visão integral, onde tudo está interligado: as relações com Deus, consigo mesmo, com a família, com as finanças, até as relações sociais, políticas e cósmicas. Tal (re)descoberta possibilitará ao iniciando "deixar emergir, nas relações com o mundo que os rodeia, todas as consequências do encontro com Jesus", e, assim, "viver a vocação de guardiões da obra de Deus" como parte essencial de uma existência virtuosa.[29]

---

[28] DF, n. 75.
[29] LS, n. 217.

Nesse mesmo intuito está a necessidade de se adotar hábitos responsáveis e de educar a um novo estilo de vida.[30] O Papa Francisco afirma na "Querida Amazônia" que: "Não haverá uma ecologia sã e sustentável, capaz de transformar seja o que for, se não mudarem as pessoas, se não forem incentivadas a adotar outro estilo de vida, menos voraz, mais sereno, mais respeitador, menos ansioso, mais fraterno".[31] Essa é uma tarefa irrenunciável da Iniciação à Vida Cristã, que não pode ser outra engrenagem na geração de uma sociedade consumista e descartável.

Algumas atitudes que podem ser inseridas na prática cotidiana ou no itinerário geral da Iniciação à Vida Cristã são:[32]
- reuso das coisas e a reciclagem do lixo;
- redução do uso do plástico e dos combustíveis fósseis;
- incentivo à alimentação produzida na região e menos industrializados;
- organizar viveiros de mudas de espécies nativas em vista de reflorestar áreas degradadas e nascentes;
- promover uma cultura menos consumista e de combate ao desperdício de todas as formas;
- tratar com desvelo os outros seres vivos; apagar as luzes desnecessárias.

Essas e tantas outras ações podem ser realizadas conforme a realidade local e a criatividade pastoral da comunidade. Se o catequista acredita na mudança, poderá convencer os iniciandos e toda a comunidade eclesial. "A grande riqueza da espiritualidade cristã, proveniente de vinte séculos de experiências

---

[30] LS, n. 203-208.
[31] QA, n. 58.
[32] Cf. DF, n. 84; LS, n. 211.

pessoais e comunitárias, constitui uma magnífica contribuição para o esforço de renovar a humanidade."[33]

Ainda no nível metodológico, ao apresentar a pessoa humana à luz da fé cristã, o ministro da Iniciação deverá ter em conta esse novo paradigma da *ecologia integral*, o que implica conceber o ser humano como parte do criado, como parte da natureza, recordando que "o nosso corpo é constituído pelos elementos do planeta; o seu ar permite-nos respirar, e a sua água vivifica-nos e restaura-nos".[34] O indígena aldeado da Amazônia não tem nenhuma dificuldade em compreender isso, pelo contrário, pode mesmo nos ensinar como compreender profundamente. No entanto, não se pode dizer o mesmo dos habitantes da cidade amazônica. Sobretudo a esses, faz-se necessária uma *catequese "ecocêntrica"*, que supere o paradigma do ser humano como dominador da criação e o situe como irmão de todo o criado, segundo o plano de Deus.

Outra implicação para o conteúdo da catequese é a relação íntima entre as bem-aventuranças e o *bem-viver*,[35] já que somos chamados a preservar o estilo de vida e os sistemas de valores dos povos da Amazônia.[36] As bem-aventuranças são centrais na vida dos discípulos de Jesus enquanto práticas e valores-base do ser cristão. Por isso não podem estar fora do itinerário de Iniciação. Esses valores encontram eco na sabedoria indígena a partir da compreensão do que eles chamam de *bem-viver*, que parte do entendimento da centralidade do caráter relacional transcendente dos seres humanos e da criação e supõe

---

[33] LS, n. 216.
[34] LS, n. 2.
[35] DF, n. 9.
[36] QA, n. 51.

também um *bem-fazer*.[37] Em outras palavras, a vida em abundância, da qual o Cristo é anunciador e gerador (Jo 10,10), que no texto evangélico encontra síntese nas bem-aventuranças, está também no horizonte dos povos amazônidas e de sua visão integral da vida, sendo essa uma chave central para a catequese inculturada.

O paradigma da *ecologia integral* provoca também uma revisão da forma como apresentamos aos iniciandos a vida de oração e de relação íntima com Deus. Um método orante, que pode ser mais bem aproveitado na Amazônia, é o da oração contemplativa da vida e da exuberante natureza. Jesus contempla as aves do céu e os lírios do campo, e seu pensamento se elevava a Deus (Mt 6,25-29); contempla o agricultor que semeia (Mt 13,1-9), os homens que pescam (Mt 13,47-50), a mulher que faz pão (Mt 13,33) e fala do Reino. Nos passos dele, São Francisco de Assis, exemplo por excelência da ecologia integral, vivia uma profunda mística em relação a toda a criação. Ele contemplava a criação como uma pessoa apaixonada lê a carta de quem ama, percebendo o mundo como um mistério gozoso que contemplamos na alegria e no louvor,[38] como um evangelho em cores que nos permite escutar a voz de Deus desde o quintal de casa. No Pobrezinho de Assis "se nota até que ponto são inseparáveis a preocupação pela natureza, a justiça para com os pobres, o empenho na sociedade e a paz interior".[39]

O Papa Francisco afirma que podemos aprender com os povos nativos a contemplar a Amazônia, e não apenas analisá-la, para reconhecer "esse precioso mistério que nos supera".[40]

---

[37] DF, n. 9.
[38] LS, n. 12.
[39] LS, n. 10.
[40] QA, n. 55.

"Se entrarmos em comunhão com a floresta, facilmente a nossa voz se unirá à dela e se transformará em oração."[41] Contemplando a beleza natural da Amazônia, podemos amá-la e nos sentir intimamente unidos a ela, reconhecendo os laços com que o Pai uniu nesse território todos os seres,[42] incluindo nós mesmos. O papa nos convida a despertar o sentido estético e contemplativo que Deus colocou em nós e que por vezes deixamos atrofiar.[43] O iniciando que é conduzido a perceber na mata, no rio ou na praia "uma capela" de onde se pode cantar louvores a Deus e envolver todas as criaturas em seu louvor, será certamente alguém com maior facilidade de viver a fé cristã em toda a sua integralidade.

A *ecologia integral* convida ainda os ministros da Iniciação a adotar novas linguagens. Dentre elas, é possível falar de uma *linguagem mistagógica amazônica*. Falar de *mistagogia* é falar do mergulho no Mistério de Deus que se revela em Cristo no Espírito. Esse mergulho não se dá meramente pela assimilação de um conceito, mas sim pela experiência realizada por meio do símbolo. A linguagem mistagógica é, portanto, linguagem simbólica. O Papa Francisco, em sua Carta Apostólica *Desiderio Desideravi*, sobre a formação litúrgica do povo de Deus, citando Guardini, afirma: "O homem deve voltar a ser capaz de símbolos".[44] Para isso, antes de tudo, "precisamos recuperar a confiança nas relações com a criação",[45] ou seja, com as coisas com as quais são "feitos" os sacramentos. Essas "coisas" – matéria – provêm de Deus e para ele estão orientadas, foram por ele assumidas, de

---

[41] QA, n. 56.
[42] QA, n. 55.
[43] QA, n. 56.
[44] DD, n. 44.
[45] DD, n. 46.

modo especial na encarnação, para que se tornassem "instrumentos de salvação, veículos do Espírito, canais da graça".[46]

"O universo desenvolve-se em Deus, que o preenche completamente. E, portanto, há um mistério a contemplar em uma folha, em uma vereda, no orvalho, no rosto do pobre."[47] Por isso, não basta passar da exterioridade à interioridade. A linguagem mistagógica amazônica convida a encontrar Deus em todas as coisas.[48] Na liturgia e, de forma especial, nos sacramentos, "a água, o azeite, o fogo e as cores são assumidos com toda a sua força simbólica e incorporam-se no louvor".[49] Não precisamos fugir do mundo ou negar a natureza para encontrar com Deus,[50] mas o encontramos precisamente na obra da criação por ele realizada e por ele transfigurada.

Sendo assim, ao falar dos sacramentos aos iniciandos, os catequistas devem adotar uma linguagem nova, que lhes permita experimentar a sacramentalidade do cotidiano e relacionar as águas dos seus rios que dão vida às águas batismais; o perfume que exala das essências ao óleo santo da identificação com Cristo; o pão suado de cada dia ao pão eucarístico no altar. Essa beleza simbólica só pode ser contemplada com os olhos da fé. E nessa tessitura, ilustra o teólogo Felipe Koller, "não se trata de postular um princípio moral sobre a nossa relação com o próximo – se trata de educar, de artesanalmente contribuir para que floresça uma existência que aprendeu,

---

[46] DD, n. 46.
[47] LS, n. 233.
[48] LS, n. 233.
[49] LS, n. 235.
[50] LS, n. 235.

como se aprende uma habilidade artística, a levar em conta o outro",[51] a levar em conta a vida que o circunda, o mistério de todo o criado.

Essa linguagem mistagógica nos ajuda a buscar ainda outro tipo de beleza: "A qualidade de vida das pessoas, a sua harmonia com o ambiente, o encontro e ajuda mútua".[52] Por isso, outra linguagem que brota do paradigma da evangelização libertadora e da ecologia integral é a *linguagem do encontro*. A Iniciação à Vida Cristã é processo gerador de uma cultura nova que nos conduz a superar as inimizades e cuidar uns dos outros,[53] entendendo-nos como uma única família humana. Eis como ela pode contribuir para a superação da cultura dos muros e do descartável: quebrando a corrente da perpetuação da cultura da indiferença com uma cultura baseada na escuta, no diálogo, na abertura ao outro e no amor concreto.

---

[51] KOLLER, 2022, p. 276.
[52] LS, n. 150.
[53] FT, n. 57.

Conclusão

Iniciamos este percurso apresentando o caminho de renovação da ação evangelizadora que a Igreja se propõe hoje e constatando as carências do processo de transmissão da fé na Amazônia. Nesse cenário, encontra-se o Sínodo Especial para a Região Pan-Amazônica, que, quando convocado, mostrou-se como sinal de esperança para a ação eclesial neste rico e vilipendiado território. Tendo transcorrido os primeiros cinco anos desde a sua convocação, este Sínodo parece aos poucos se apagar, "sair da moda", e suas provocações ficam entulhadas em meio a tantos outros processos eclesiais setorizados e documentos aprovados.

O Sínodo reconheceu que por muito tempo a Igreja trabalhou no mesmo tom dos interesses coloniais que exploraram e feriram a Amazônia. Esse foi um passo belo, pois "o que não é assumido não pode ser redimido" (Santo Irineu de Lião). A catequese em estilo colonial, no entanto, deixou suas marcas. Continuam se multiplicando na Amazônia as "espiritualidades importadas", que pouco ou nada têm a ver com a vida concreta das pessoas e dos povos. Com o galopante avanço das mídias digitais e do acesso à internet na região, as místicas cristãs intimistas e devocionistas adentram rincões antes improváveis e inventam, à sua maneira, uma nova evangelização neocolonizadora. Em resposta a essa "onda" de cristianização superficial, o Sínodo para a Amazônia propôs outro caminho: o de uma Igreja capaz de se encarnar na Amazônia a tal ponto que assuma rostos novos com traços amazônicos.[1]

Para isso, tudo o que a Igreja é e oferece é chamado a se inculturar, ou, dito de outra forma, chamado a se *amazonizar*: a pregação, a espiritualidade, as estruturas,[2] o anúncio,[3] a liturgia,[4] os ministérios[5] e até a santidade.[6] No entanto, dentre essas vias de inculturação, o Sínodo não conseguiu especificar uma que consideramos a mais fundamental: a transmissão da fé. Damos, portanto, aqui, um passo que o Sínodo não deu, pois entendemos que não será possível uma Igreja de rosto amazônico sem uma transmissão da fé de rosto amazônico, já que a formação inicial da fé e vida cristã é lugar primordial de inculturação, embora não o esteja sendo na prática pastoral.

Nesse horizonte, questionamo-nos sobre qual o lugar da Iniciação à Vida Cristã no processo de inculturação da fé e quais são as interpelações do Sínodo Amazônico que diretamente influem sobre ela. Trazendo isso à luz, surgiu ainda outra questão: o que podem fazer as Igrejas locais da Amazônia para assimilar essas implicações em um caminho de recepção criativa do Sínodo? Neste livro, busquei responder a tais problemáticas e organizei minha reflexão em três partes.

Na primeira delas, concentramo-nos em descobrir a identidade própria da Iniciação à Vida Cristã de inspiração catecumenal. Nesse ponto, quero destacar como é importante tomar

---

[1] QA, n. 7.
[2] QA, n. 6.
[3] QA, n. 64.
[4] QA, n. 81.
[5] QA, n. 85.
[6] QA, n. 77.

consciência de que essa metodologia, que parece tão distante da Amazônia geográfica e historicamente, teve sua origem a partir do encontro entre o cristianismo nascente e os cultos mistéricos pagãos, e que, portanto, é, de certa forma, ela mesma filha de um processo de inculturação da fé, e, por isso, pode encontrar eco na realidade amazônica.

Constatamos também, nessa primeira parte, que os principais documentos que regem a transmissão da fé na Santa Sé – Diretório para a Catequese, e, no Brasil, o Documento 107 da CNBB – destacam a importância de uma Iniciação à Vida Cristã inculturada. Sendo assim, não se pode pretender fazer discípulos missionários de Jesus Cristo na Amazônia como se faz em São Paulo ou em Roma. Embora a fé seja a mesma, algo há de ser diferente no modo de expressá-la e no modo de transmiti-la. Esse algo só pode ser descoberto dentro do processo de inculturação.

Na segunda parte, identificamos o Sínodo para a Amazônia situado no caminho de redescoberta do caráter sinodal da Igreja. Nesse ponto, demos destaque ao chão concreto de onde partiram para Roma os padres sinodais e nos deixamos conduzir por um "passeio" de contemplação da Amazônia "em moldura". Esse vasto território de vida, com suas belezas e potências, suas dores e prantos, revelou-se um *lugar teológico*, isto é, espaço onde Deus se revela e se comunica, de onde Deus fala e convoca. Esse chão sagrado e maculado da Amazônia é uma via vocacional que despe o evangelizador de suas pretensões e o chama a tirar as escamas dos olhos (Lc 25, 31) para reconhecer a presença de um Deus que *primeireia*,[7] que já se manifesta e caminha nesse paraíso (Gn 3,8), ansioso por ser desvelado.

---

[7] Cf. EG, n. 24.

Ainda nessa parte, ao analisar os três principais documentos do processo sinodal, pudemos constatar a lacuna que o Sínodo da Amazônia possui no campo da transmissão da fé de forma específica. Apenas no Documento de Santarém, situado no caminho de recepção criativa do Sínodo, é que os processos de formação dos discípulos missionários ganharão destaque e serão nivelados: primeiro a formação geral fundamental, por meio de uma Iniciação à Vida Cristã amazônica ,e, depois, a formação específica para os ministérios e funções, ambas realizadas de forma inculturada.

Somente tendo em consideração esse passo de Santarém no caminho de recepção do Sínodo é que podemos, na terceira e derradeira parte, colher as necessárias pistas para o que podemos chamar de *catecumenato amazônico*. A inspiração catecumenal encontra na Amazônia um terreno fértil para se desenvolver. Não se trata, no entanto, de imitar o catecumenato primitivo ou de seguir dogmaticamente as prescrições do RICA. A metodologia catecumenal apresenta-se como mais adequada para a Amazônia, justamente, pela sua intrínseca abertura à cultura local. Falar de Iniciação à Vida Cristã em estilo catecumenal, portanto, não é falar de um modelo único e uniforme para a vasta região amazônica, mas sim de um caminho baseado em alguns elementos fundamentais e abertos a outros elementos próprios do espaço e do tempo, da cultura e dos interlocutores do processo. Termo mais adequado que o primeiro, então, seria *catecumenatos amazônicos*, no plural, semelhantes entre si nos fundamentos e tão diversos quanto diversas são as culturas amazônidas.

Duas são as opções comuns que a Iniciação à Vida Cristã é chamada a fazer na Amazônia, a partir do caminho do Sínodo de 2019: *opção pela inculturação e encarnação na realidade* e *opção pela evangelização libertadora e pela ecologia integral*. Estas se apresentam como fundamentações base para desenvolver processos de transmissão da fé ao modo amazônico e devem ser aprofundadas à luz da cultura própria de cada povo.

A *opção pela inculturação e encarnação na realidade* toca de forma central os sonhos do Papa Francisco por uma Igreja encarnada na Amazônia e por uma Amazônia que preserve sua riqueza cultural.[8] O Diretório para a Catequese, ao apresentar as características da inspiração catecumenal, fala do caráter pascal; do caráter iniciático; do caráter litúrgico, ritual e simbólico; do caráter comunitário; do caráter de conversão permanente e de testemunho; e do caráter de progressividade.[9] Mas o documento deixa ainda a questão em aberto, dizendo que esses elementos devem ser atualizados com coragem e criatividade em um "esforço de verdadeira inculturação".[10] Por isso, em se tratando dos *catecumenatos amazônicos*, um novo caráter fundamental que se apresenta a esse conjunto é o *caráter inculturado*. Isso significa que as experiências de inculturação na transmissão da fé na Amazônia têm de passar de experiências pontuais à regra fundamental de todo e qualquer processo iniciático, seja no campo ou na cidade, seja na floresta ou na praia.

A *opção pela evangelização libertadora e pela ecologia integral*, por sua vez, toca precisamente os sonhos do papa de uma Amazônia que lute pelos direitos dos mais pobres, dos povos nativos, e que guarde zelosamente sua beleza natural.[11]

---

[8] QA, n. 7.
[9] DpC, n. 64.
[10] DpC, n. 64.
[11] QA, n. 7.

A partir dessa opção, as Igrejas locais da Amazônia poderão formar discípulos missionários de Jesus na integralidade da vida cristã: vida espiritual e eclesial, vida social e cósmica, sem muros ou fronteiras, mas como uma mesma vida. Esse é um caminho de superação da formação na fé fragmentada que gera comunidades geradoras de "cismáticos não declarados", católicos que combatem a própria Igreja, sobretudo no que tange ao seu *ensino social e ecológico*, por não conhecerem a fé em todas as suas dimensões.

A Iniciação à Vida Cristã inculturada exigirá também uma formação inculturada dos seus ministros. Daí a relação íntima entre os aspectos estruturais e metodológicos do processo de transmissão da fé: sem introdutores e catequistas autóctones e com formação autóctone, a inculturação da fé nunca será efetiva. Esse caminho formativo dos sujeitos – assim como o dos iniciandos – acontece no seio das comunidades. Urge desenvolver metodologias novas para formar os ministros em seu próprio chão. A comunidade é toda ela formadora e os povos indígenas da Amazônia nos ajudam a compreender melhor isso a partir da experiência da aldeia. Percebe-se aqui a importância de Escolas Catequéticas de nível regional, provincial, diocesano e paroquial, que partam da realidade local.

Esta reflexão abre caminhos de aprofundamento em diversas frentes. A partir dela, surgem questões que precisam ser colocadas: como falar hoje, de forma específica, de um querigma, de uma catequese e de uma mistagogia amazônicas? Como encarnar estas opções e paradigmas em itinerários de Iniciação com cada cultura indígena, com a cultura ribeirinha, com a cultura quilombola, com a cultura da beira-mar e dos mangues, com a cultura das grandes periferias urbanas, com a cultura das pequenas vilas e com a cultura dos prédios e condomínios urbanos? De que forma esses *catecumenatos amazônicos* podem ser trabalhados com as crianças, com os jovens e com os adultos? Qual a importância dos catecismos locais para a Iniciação à Vida Cristã na Amazônia? Que novos caminhos a Iniciação à Vida Cristã na Amazônia propõe à discussão da Igreja universal a respeito da inculturação?

O Papa Francisco nos convida a "aceitar corajosamente a novidade do Espírito capaz de criar sempre algo de novo com o tesouro inesgotável de Jesus Cristo"[12] e exorta: "Não tenhamos medo, não cortemos as asas ao Espírito Santo".[13] O Espírito está movendo a Igreja povo de Deus para ser cada vez mais na Amazônia um povo de muitos povos, de muitas línguas e culturas. Ouçamos a sua voz e sejamos uma Igreja amazônica, querigmática e educadora; Igreja samaritana, servidora e madalena; Igreja mariana, geradora de novos filhos e filhas na fé de rostos amazônicos.[14] Este é o tempo favorável para desencadear processos de Iniciação à Vida Cristã não apenas *para* a Amazônia, mas *da* Amazônia para ela mesma, e como contribuição ao rico patrimônio iniciático da Igreja universal.

---

[12] QA, n. 69.
[13] QA, n. 69.
[14] DF, n. 22.

Referências

ALVES, J. E. Diniz. Antropoceno: a força destruidora de uma espécie. *IHU*, 26 jan. 2017. Disponível em: https://www.ihu.unisinos.br/categorias/186-noticias-2017/564316-antropoceno-a-forca-destruidora-de-uma-especie. Acesso em: 01 mar. 2023.

AQUINO JÚNIOR, Francisco de. *A Igreja de Jesus*: missão e constituição. São Paulo: Paulinas, 2021.

AQUINO JÚNIOR, Francisco de; PASSOS, J. Décio. *Por uma Igreja sinodal*: reflexões teológico-pastorais. São Paulo: Paulinas, 2022.

ARAGÓN, L. E. A dimensão internacional da Amazônia: um aporte para sua interpretação. *Revista Nera*, n. 42, p. 14-33, 2018. Disponível em: https://revista.fct.unesp.br/index.php/nera/article/view/5676. Acesso em: 3 mar. 2023.

ASSEMBLEIA ESPECIAL DO SÍNODO DOS BISPOS. *Documento Final*: Amazônia, novos caminhos para a Igreja e para uma ecologia integral. Brasília: Edições CNBB, 2019a.

ASSEMBLEIA ESPECIAL DO SÍNODO DOS BISPOS. *Instrumentum Laboris*: Amazônia, novos caminhos para a Igreja e para uma ecologia integral. Brasília: Edições CNBB, 2019b.

BEOZZO, J. Oscar. *Pacto das Catacumbas*: por uma Igreja servidora e pobre. São Paulo: Paulinas, 2015.

BOFF, Leonardo. A *Fratelli tutti*, um novo paradigma de sociedade mundial: de senhor (*dominus*) a irmão (*frater*). *IHU*, 14 nov. 2015. Disponível em: https://www.ihu.unisinos.br/categorias/604646-a-fratelli-tutti-um-novo-paradigma-de-sociedade-mundial-de-senhor-dominus-a-irmao-frater-artigo-de-leonardo-boff. Acesso em: 01 mar. 2023.

BOFF, Leonardo. *Os sacramentos da vida e a vida dos sacramentos*. Petrópolis: Vozes, 2004.

BRIGHENTI, Agenor. *Por uma evangelização inculturada*: princípios pedagógicos e passos metodológicos. São Paulo: Paulinas, 1998.

BRIGHENTI, Agenor. *Teologia pastoral*: a inteligência reflexa da ação evangelizadora. Petrópolis: Vozes, 2021.

BRIGHENTI, Agenor. Sínodo da Amazônia: quatro sonhos e um impasse. *Revista Eclesiástica Brasileira*, Petrópolis, v. 80, n. 316, p. 307-332, maio/ago. 2020. Disponível em: https://revistaeclesiasticabrasileira.itf.edu.br/reb/article/view/2049. Acesso em: 01 mar. 2023.

BRIGHENTI, Agenor. Sinodalidade *made in* América Latina. In: AQUINO JÚNIOR, Francisco de; PASSOS, João Décio. *Por uma Igreja Sinodal*: reflexões teológico-pastorais. São Paulo: Paulinas, 2022. p. 123-140.

BUSCA, Gianmarco. *A reconciliação*: "irmã do Batismo". Brasília: Edições CNBB, 2019.

CALIMAN, Cleto. Povo de Deus/Igreja. In: PASSOS, João Décio; SANCHEZ, Wagner Lopes (Coord.). *Dicionário do Concílio Vaticano II*. São Paulo: Paulinas/Paulus, 2015. p. 757-764.

CAMPATELLI, Maria. *O Batismo*: cada dia às fontes da vida nova. Bauru: Edusc, 2008.

CASTRO, Ricardo G. *Redimindo masculinidades*: representações e significados de masculinidades e violência na perspectiva de uma teologia pastoral amazônica. 2018, 258p. Tese (Doutorado em Teologia). PUC-RIO, Rio de Janeiro, 02 fev. 2018.

CAVACA, Osmar. A Igreja, Povo de Deus em comunhão: *Lumen Gentium* 1-59. In: ALMEIDA, João Carlos; MANZINI, Rosana; MAÇANEIRO, Marcial (Org.). *As janelas do Vaticano II*: a Igreja em diálogo com o mundo. Aparecida: Santuário, 2013. p. 101-136.

CELAM. *Documento de Aparecida*: texto conclusivo da V Conferência Geral do Episcopado Latino-Americano e do Caribe. Brasília: Edições CNBB, 2008.

CELAM. *Para uma Igreja Sinodal em saída para as periferias*: reflexões e propostas pastorais a partir da Primeira Assembleia Eclesial da América Latina e do Caribe. Brasília: Edições CNBB, 2022.

CHIQUITO, Valdirlei A. *A formação do catequista*: fundamentos antropológico-filosóficos e teológicos a partir de Edith Stein. 2021. 180p. Dissertação de Mestrado – PUC-PR, Curitiba, 28 abr. 2021.

CNBB. *Iniciação à Vida Cristã*: um processo de inspiração catecumenal – Estudo 97. Brasília: Edições CNBB, 2009.

CNBB. *Diretório Nacional de Catequese*: Documento 84. São Paulo: Paulinas, 2011.

CNBB. *Iniciação à Vida Cristã*: itinerário para formar discípulos missionários – Documento 107. Brasília: Edições CNBB, 2017.

CNBB. *Diretrizes Gerais da Ação Evangelizadora da Igreja no Brasil 2019-2023*: Documento 109. Brasília: Edições CNBB, 2019.

CNBB. *Critérios e itinerários para a Instituição do Ministério de Catequista*: Documento 112. Brasília: Edições CNBB, 2022.

CNN BRASIL. Mais de 10 mil espécies correm risco de extinção na Amazônia, diz relatório. *CNN Brasil*. 14 jul. 2021. Disponível em: https://www.cnnbrasil.com.br/nacional/mais-de-10000-especies-correm-risco-de-extincao-na-amazonia-diz-relatorio/. Acesso em: 01 mar. 2023.

COMISSÃO TEOLÓGICA INTERNACIONAL. *A sinodalidade na vida e na missão da Igreja*. Brasília: Edições CNBB, 2018.

CONCÍLIO VATICANO II. *Constituição Conciliar Sacrosanctum Concilium*. 04 dez. 1963. Disponível em: https://www.vatican.va/archive/hist_councils/ii_vatican_council/documents/vat-ii_const_19631204_sacrosanctum-concilium_po.html. Acesso em: 01 mar. 2023.

CONCÍLIO VATICANO II. *Decreto Ad Gentes*. 07 dez. 1965. Disponível em: https://www.vatican.va/archive/hist_councils/ii_vatican_council/documents/vat-ii_decree_19651207_ad-gentes_po.html. Acesso em: 01 mar. 2023.

CONCÍLIO VATICANO II. *Constituição Dogmática Lumen Gentium*. 17. ed. São Paulo: Paulinas, 2004.

CRUZ, Bárbara B. L. Amazônia brasileira na pandemia: a difícil missão de sobreviver ao coronavírus e à crise política do país. *Revista Portuguesa de Ciência Política*, n. 14, p. 47-58, 2020.

FRANCISCO, Papa. *Exortação Apostólica Evangelii Gaudium*. São Paulo: Paulinas, 2013.

FRANCISCO, Papa. *Carta Encíclica Laudato Si'*. São Paulo: Paulinas, 2015a.

FRANCISCO, Papa. *Discurso na Comemoração do cinquentenário da instituição do Sínodo dos Bispos*. 17 out. 2015b. Disponível em: https://www.vatican.va/content/francesco/pt/speeches/2015/october/documents/papa-francesco_20151017_50-anniversario-sinodo.html. Acesso em: 01 mar. 2023.

FRANCISCO, Papa. *Anúncio da Convocação do Sínodo para a Amazônia*. 15 out. 2017. Disponível em: https://www.youtube.com/watch?v=nkvZvHFlVDM. Acesso em: 01 mar. 2023.

FRANCISCO, Papa. *Constituição Apostólica Episcopalis Communio*. Brasília: Edições CNBB, 2018.

FRANCISCO, Papa. *Carta Encíclica Fratelli Tutti*. São Paulo: Paulinas, 2020a.

FRANCISCO, Papa. *Exortação Apostólica "Querida Amazônia"*. Brasília: Edições CNBB, 2020b.

FRANCISCO, Papa. *Motu Próprio Antiquum Ministerium*. Brasília: Edições CNBB, 2021.

FRANCISCO, Papa. *Carta Apostólica Desiderio Desideravi*. Brasília: Edições CNBB, 2022.

FREITAS, Hélen. Fazendeiros jogam agrotóxico sobre Amazônia para acelerar desmatamento. *IHU*, 17 nov. 2021. Disponível em: https://www.ihu.unisinos.br/614550-fazendeiros-jogam-agrotoxico-sobre-amazonia-para-acelerar-desmatamento. Acesso em: 01 mar. 2023.

G1 RO. Quem foi o "Índio do Buraco", último sobrevivente de seu povo encontrado morto em Rondônia. *G1*. 29 ago. 2022. Disponível em: https://g1.globo.com/ro/rondonia/noticia/2022/08/29/quem-foi-o-indio-do-buraco-ultimo-sobrevivente-de-seu-povo-encontrado-morto-em-rondonia.ghtml. Acesso em: 01 mar. 2023.

GRILLO, Andrea. *Ritos que educam*: os sete sacramentos. Brasília: Edições CNBB, 2018.

HECK, Egon; LOEBENS, Francisco; CARVALHO, Priscila D. Amazônia indígena: conquistas e desafios. *Estudos Avançados*, v. 19, n. 53, p. 237-255, jan. 2005. Disponível em: https://www.scielo.br/j/ea/a/5RnftMK tzRwmyTMrKpqX63S/?format=pdf&lang=pt. Acesso em: 01 mar. 2023.

HOORNAERT, E. A Amazônia e a cobiça dos europeus. In: MACIEL, Elisângela. *História da Igreja na Amazônia*. Petrópolis: Vozes, 2024.

HUMMES, Cláudio. A nova Conferência Eclesial da Amazônia deve levar a sério as decisões do Sínodo. *Vatican News*, 18 ago. 2020. Disponível em: https://www.vaticannews.va/pt/igreja/news/2020-08/dom-claudio-hummes-conferencia-eclesial-da-amazonia.html?utm_source=newsletter&utm_medium=email&utm_campaign=NewsletterVN-PT. Acesso em: 01 mar. 2023.

IV ENCONTRO DA IGREJA CATÓLICA NA AMAZÔNIA LEGAL. *Documento de Santarém 50 anos*: gratidão e profecia. 2022. Disponível em: chrome-extension://efaidnbmnnnibpcajpcglclefindmkaj/ https://ihu.unisinos.br/images/ihu/2022/06/documento_final_santarem_2022.pdf. Acesso em: 01 mar. 2023.

IV ENCONTRO PASTORAL DA AMAZÔNIA. Linhas Prioritárias da Pastoral da Amazônia. In: CONFERÊNCIA NACIONAL DOS BISPOS DO BRASIL. *Documentos da Igreja na Amazônia*: coletânea. Brasília: Edições CNBB, 2014.

JOÃO PAULO II, Papa. *Exortação Apostólica Pós-Sinodal Christifideles Laici*. 30 dez. 1988. Disponível em: https://www.vatican.va/content/john-paul-ii/pt/apost_exhortations/documents/hf_jp-ii_exh_30121988_christifideles-laici.html. Acesso em: 01 mar. 2023.

JOSÉ, Silvonei. Divulgada a lista dos participantes no Sínodo para a Amazônia. *Vatican News*, 2019. Disponível em: https://www.vaticannews.va/pt/vaticano/news/2019-09/sinodo-amazonia-lista-participantes.html. Acesso em: 01 mar. 2023.

JULIÃO, André. Desmatamento na Amazônia favorece aumento de bactérias resistentes a antibióticos. *EcoDebate*. 24 fev. 2021. Disponível em: https://www.ecodebate.com.br/2021/02/23/desmatamento-na-amazonia-favorece-aumento-de-bacterias-resistentes-a-antibioticos/. Acesso em: 01 mar. 2023.

KOLLER, Felipe. *A linguagem simbólica em Marko Ivan Rupnik*. 2022, 298p. Tese (Doutorado em Teologia). PUC-PR, Curitiba, 24 fev. 2022.

LARAIA, Roque de Barros. *Cultura*: um conceito antropológico. Rio de Janeiro: Zarah, 2009.

LE GOFF, Jaques. *A civilização do Ocidente medieval*. Santa Catarina: EDUSC, 2005.

LIMA, D. R. Pupo. *Iniciação Cristã e catequese com adultos*: um caminho para o discipulado. 2014, 100p. Dissertação (Mestrado em Teologia). PUC-PR, Curitiba, 05 ago. 2014.

LIMA, Luiz Alves de. *A catequese do Vaticano II aos nossos dias*. São Paulo: Paulus, 2016.

MINISTÉRIO PÚBLICO FEDERAL NO PARÁ. *IHU*, 22 ago. 2022. Disponível em: https://www.ihu.unisinos.br/621434-audiencias-do-mpf-evidenciam-extincao-da-pesca-no-xingu-pela-barragem-de-belo-monte-pa. Acesso em: 01 mar. 2023.

MIRANDA, Mário de França. A fundamentação teológica da inculturação da fé. *Perspectiva Teológica*, v. 32, n. 86, p. 25, 2000a. Disponível em: https://www.faje.edu.br/periodicos/index.php/perspectiva/article/view/820. Acesso em: 21 fev. 2023.

MIRANDA, Mário de França. Inculturação da fé e sincretismo religioso. *Revista Eclesiástica Brasileira*, v. 60, n. 238, p. 275-293, 2000b. Disponível em: https://revistaeclesiasticabrasileira.itf.edu.br/reb/article/view/2184. Acesso em: 18 fev. 2023.

MIRANDA, Mário de França. A Igreja local como Igreja inculturada. *Revista Eclesiástica Brasileira*, v. 61, n. 242, p. 333-348, 2001. Disponível em: https://revistaeclesiasticabrasileira.itf.edu.br/reb/article/view/2103. Acesso em: 18 fev. 2023.

MIRANDA, Mário de França. A Igreja entre a inculturação e a globalização. *Kairós*, Fortaleza, v. 4, n. 1, p. 9-28, 2007. Disponível em: https://www.ojs.catolicadefortaleza.edu.br/index.php/kairos/article/view/277. Acesso em: 18 fev. 2023.

NERY, Israel. *Catequese com adultos e catecumenato*: história e proposta. São Paulo: Paulus, 2019.

NETO, Carlos de A. M. Os principais grupos missionários que atuaram na Amazônia brasileira entre 1607 e 1759. In: MACIEL, Elisângela. *História da Igreja na Amazônia*. Petrópolis: Vozes, 2024.

NOBRE, Carlos. A Amazônia já tem todas as condições de gerar uma massiva epidemia. *Correio da Cidadania*, 24 ago. 2020. Disponível em: https://www.ihu.unisinos.br/categorias/602188-a-amazonia-ja-tem-todas-as-condicoes-de-gerar-uma-massiva-epidemia-entrevista-com-carlos-nobre. Acesso em: 01 mar. 2023.

PACTO DAS CATACUMBAS PELA CASA COMUM: por uma Igreja com rosto amazônico, pobre e servidora, profética e samaritana. *IHU*, 21 out. 2019. Disponível em: https://www.ihu.unisinos.br/190-sinodo/593633-pacto-das-catacumbas-pela-casa-comum-por-uma-igreja-com-rosto-amazonico-pobre-e-servidora-profetica-e-samaritana. Acesso em: 01 mar. 2023.

PASSOS, J. Décio. Da periferia para o centro: a influência das Igrejas do Sul na nova conjuntura eclesial. In: BRIGHENTI, Agenor (Org.). *Os ventos sopram do Sul*: o Papa Francisco e a nova conjuntura eclesial. São Paulo: Paulinas, 2019. p. 21-57.

PAULO VI, Papa. *Exortação Apostólica Pós-Sinodal Evangelii Nuntiandi*. São Paulo: Paulinas, 2006.

PENA, Rodolfo Alves. Aquífero Alter do Chão. *Brasil Escola*, s.d. Disponível em: https://brasilescola.uol.com.br/brasil/aquifero-alter-chao.htm. Acesso em: 01 mar. 2023.

PENA, Rodolfo Alves. Rios voadores da Amazônia. *Brasil Escola*. s.d. Disponível em: https://brasilescola.uol.com.br/brasil/rios-voadores-amazonia.htm. Acesso em: 01 mar. 2023.

PINHEIRO, Karina. Você sabe onde fica a nascente do Rio Amazonas? Conheça o contexto histórico que levou à definição do local. *Portal Amazônia*, 10 jan. 2022. Disponível em: https://portalamazonia.com/amazonia/voce-sabe-onde-fica-a-nascente-do-rio-amazonas. Acesso em: 01 mar. 2023.

PONTES, Fabio. Floresta Amazônica perdeu quase 100 hectares por hora, em 2020. *IHU*, 17 jun. 2021. Disponível em: https://www.ihu.unisinos.br/610237-floresta-amazonica-perdeu-quase-100-hectares-por-hora. Acesso em: 01 mar. 2023.

PONTIFÍCIO CONSELHO PARA A PROMOÇÃO DA NOVA EVANGELIZAÇÃO. *Diretório para a Catequese*. São Paulo: Paulus, 2020.

PRIZIBISCZKI, Cristiane. Amazônia está cada vez mais perto do colapso, diz documento lançado na COP 26. *IHU*, 18 nov. 2021a. Disponível em: https://www.ihu.unisinos.br/614551-amazonia-esta-cada-vez-mais-perto-do-colapso-diz-documento-lancado-na-cop-26. Acesso em: 01 mar. 2023.

PRIZIBISCZKI, Cristiane. Amazônia perdeu cerca de 44 milhões de hectares para agropecuária em 35 anos. *IHU*, 11 set. 2021b. Disponível em: https://www.ihu.unisinos.br/612766-amazonia-perdeu-cerca-de-44-milhoes-de-hectares-para-agropecuaria-em-35-anos. Acesso em: 01 mar. 2023.

RASCHIETTI, Estêvão. *A missão em questão*: a emergência de um paradigma missionário em perspectiva decolonial. Petrópolis: Vozes, 2022.

REINERT, João Fernandes. *Paróquia e Iniciação Cristã*: uma relação urgente – A interdependência entre renovação paroquial e mistagogia catecumenal. 2014, 299p. Tese de Doutorado. PUC-RIO, Rio de Janeiro, 02 out. 2014.

REPAM. A Pan-amazônia. *Synod.va*. (entre 2018 e 2020). Disponível em: http://secretariat.synod.va/content/sinodoamazonico/pt/a-pan-amazonia.html. Acesso em: 01 mar. 2023.

RUPNIK, Marko I. *Secondo lo Spirito*: la teologia spirituale in cammino con la Chiesa di papa Francesco. Cidade do Vaticano: Libreria Editrice Vaticana, 2017.

RUPNIK, Marko I. *No fogo da sarça ardente*: Iniciação à vida espiritual. Curitiba: Editora Carpintaria, 2022.

SALATI, Paula. Bolsonaro liberou 2.182 agrotóxicos em 4 anos, recorde para um governo desde 2003. *G1*. 04 fev. 2023. Disponível em: https://g1.globo.com/economia/agronegocios/noticia/2023/02/04/bolsonaro-liberou-2182-agrotoxicos-em-4-anos-recorde-para-um-governo-desde-2003.ghtml. Acesso em: 01 mar. 2023.

SANSI, Roger. "Fazer o santo": dom, iniciação e historicidade nas religiões afro-brasileiras. *Análise Social*, v. XLIV, p. 139-160, 2009. Disponível em: chrome-extension://efaidnbmnnnibpcajpcglclefindmkaj/

http://analisesocial.ics.ul.pt/documentos/1236787502X4rFI6fj3Z m36GE2.pdf. Acesso em: 01 mar. 2023.

SANTANA, Irene. Potencial farmacológico de espécies da Amazônia é tema de palestra no IV CBRG. *Embrapa*, 10 nov. 2016. Disponível em: https://www.embrapa.br/busca-de-noticias/-/noticia/18162156/potencial-farmacologico-de-especies-da-amazonia-e-tema-de-palestra-no-iv-cbrg. Acesso em: 01 mar. 2023.

SANTOS, Adelson. Araújo dos. *Amazônia, um lugar teológico*: comentário teológico-espiritual do Documento Final do Sínodo e da Exortação Apostólica "Querida Amazônia". São Paulo: Loyola, 2020.

SILVA, Orivaldo E. da. *A catequese como caminho de inserção na vida da comunidade*: estudo histórico-pastoral. 2022, 136p. PUC-Rio, Rio de Janeiro, 28 mar. 2022.

SÍNTESIS GENERAL DE LA REPAM. *Asambleas territoriales, foros temáticos, contribuciones especiales, y escuchas sobre el sínodo*. Quito, 2019.

SIQUEIRA, Josafá Carlos. Casa comum: um conceito interdisciplinar e pluriverso. In: FOLLMANN, J. I. *Ecologia integral*: abordagens (im)pertinentes, v. 1. São Leopoldo: Casa Leiria, 2020. p. 17-21.

SOUZA, Márcio. *História da Amazônia*: do período pré-colombiano aos desafios do século XXI. Rio de Janeiro/São Paulo: Record, 2021.

SOUZA, Ney de. *História da Igreja*: notas introdutórias. Petrópolis: Vozes, 2020.

ŠPIDLÍK, Tomás. L'uomo, persona agapica. In: ŠPIDLÍK, T.; RUPNIK, M. I.; CAMPATELLI, M.; TENACE, M.; ZUST, M. *Teologia pastorale*: a partire dalla bellezza. Roma: Lipa, 2005.

SUESS, Paulo. Interculturalidade, intercuturação, inculturação: Apontamentos a partir do dossiê sistemático e histórico em vista de uma missão pós-colonial. *Revista Eclesiástica Brasileira*, n. 42, p. 450-462, 2015.

TAVARES, Sinivaldo S. Ecologia Integral: um novo paradigma. In. FOLLMANN, J. I. *Ecologia Integral*: abordagens (im)pertinentes, v. 1. São Leopoldo: Casa Leiria, 2020. p. 23-25.

TERTULIANO. *Apologeticum*, v. XVIII, n. 4, p. 197. Disponível em: https://www.tertullian.org/brazilian/apologia.html. Acesso em: 01 mar. 2023.

VERZELETTI, Dom Carlos. *Cartas Pastorais*. Castanhal, s.l., 2021.

VIEIRA, Ima Célia; TOLEDO, Peter Mann de; HIGUCHI, Horácio. A Amazônia no antropoceno. *Ciência e Cultura*, São Paulo, v. 70, n. 1, jan./mar. 2018. Disponível em: http://cienciaecultura.bvs.br/scielo.php?script=sci_arttext&pid=S0009-67252018000100015#:~:text=Na%20Amaz%C3%B4nia%20brasileira%2C%20no%20%C3%A2mbito,a%20%C3%A1gua%20doce%20da%20Terra. Acesso em: 01 mar. 2023.

VIEIRA, Ima Célia; TOLEDO, Peter Mann de; SANTOS JÚNIOR, Roberto A. O. *Ambiente e sociedade na Amazônia*: uma abordagem interdisciplinar. Rio de Janeiro: Geramond, 2014.

VILLAR, José R. A Constituição Dogmática *Lumen Gentium*. In: HACKMANN, G. L. B.; AMARAL, M. de S. *As constituições do Vaticano II ontem e hoje*. Brasília: Edições CNBB, 2015. p. 141-199.

WALKER, Decio José. Vencer cegueiras, plantar sonhos, gerar o novo: um estudo a partir da Iniciação à Vida Cristã. *Revista Missioneira*, v. 21, n. 1, 2019, p. 58-66. Disponível em: chrome-extension://efaidnbmnnnibpcajpcglclefindmkaj/https://core.ac.uk/download/pdf/322642377.pdf. Acesso em: 01 mar. 2023.